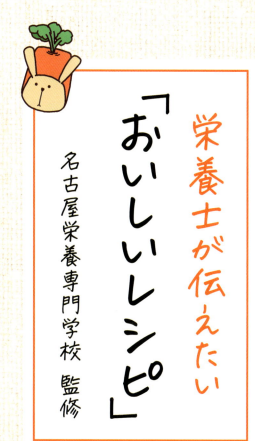

栄養士が伝えたい
「おいしいレシピ」
名古屋栄養専門学校 監修

「　　　　　　　　　」をお届けします。

この本は、名古屋栄養専門学校で、ふだん調理関係の実習を担当している教員の料理レシピを紹介することを目的として誕生しました。

　私達が毎日食事をする意味は、単に生命を維持するだけでなく、「おいしい」と感じること、大切な人と「おいしさ」を共感したい、大切な人に食べてもらいたいという気持ちを抱き、そして健康になるというところにあります。

　仮にAIが発達し、理想的な栄養素を理想的な量含むカプセルが開発され、調理や食事をする時間が節約されても、ひどく味気ない人生になると思います。そればかりか、そしゃくをしたり、味わったり、消化吸収という口腔や消化器系の機能が退化してしまうことでしょう。現代は柔らかいものを食べる機会が増え、あごの力も弱くなっていると指摘されています。

　本校では、栄養士の養成を行っていますが、栄養学は実践の学問です。栄養学や食品学を始め、栄養士として必要な学問を修めた上で、いかにおいしく、栄養素が摂取できる食事を作るかに力を注いでいます。どんなに完璧な栄養素が用意されていても、食事がおいしくなければ、私達の生活は豊かになりません。そのため、調理実習は基礎から応用まで、その他栄養学実習や臨床栄養学実習、フードサービス、献立作成など、学んだことが実生活で活かす事ができる、つまり献立を作成する力や調理力をつけるための実習や演習を多く実施しているのが本校の特徴です。

　生活習慣病や食中毒など、食に関する問題はますます広域化、複雑化してきています。そんな中で、栄養士の潜在的な意義はますます大きくなっていくと思います。「安全においしく食べて健康になる」そんな食生活を送っていただくために、本書が少しでもお役に立てば幸いです。

名古屋栄養専門学校

著者一同

栄養士が伝えたい
「おいしいレシピ」 目次

調理実習

調理実習Ⅰ	実技テスト「イワシの手開き」の日	谷澤登志美先生	6
	実技テスト「大根のかつらむき」の日	〃	10
調理実習Ⅱ・Ⅲ	端午の節句	酒向純子先生	14
	重陽の節句	〃	18
調理実習Ⅳ	「タイ料理」の日 その①	谷澤登志美先生	22
	「タイ料理」の日 その②	〃	26
	手作りパン講座	大塚弘美先生	30
調理実習Ⅴ	ビタミン特化メニュー	谷澤登志美先生	32
	カルシウム・鉄特化メニュー	大島知美先生	36
	夏を元気に乗り切る！薬膳	〃	40
	秋の潤い美肌薬膳	〃	45
	災害時のアイディア料理パッククッキング	平田芳浩先生	48

フードサービス

春夏秋冬の おいしい給食	春のピクニックランチメニュー	伊藤史子先生	51
	初夏のさっぱり松花堂弁当	〃	54
	秋のほっこり定食	〃	58
	冬はあったかカレーうどんランチ	〃	61

その他

栄養学実習	幼児期の献立 その①	松原恵子先生	64
	幼児期の献立 その②	〃	66
アレルギー対応	食物アレルギー対応食	道家 梓先生	68
病態別レシピ	糖尿病食	服部佳子先生	74
	減塩食	〃	77
	糖尿腎症	〃	80
	脂質異常症	〃	83

実験・演習紹介

食品学実習	加工食品を作る	須崎尚 校長先生	86
食品学実験	食品を科学する	西村るみ子 先生	87
コンピュータ演習・栄養情報処理演習	栄養士の卵が学ぶコンピュータ	前田文 先生	88

課外授業

土曜講座・キャリアアップ講座	白ワインに合う一皿	酒向純子 先生	90
	赤ワインに合う一皿	〃	91
	おうちで作るフランス家庭料理	西村諒子 先生	92

オープンキャンパス

好評レシピ	沖縄そばを作ってみよう	平田芳浩 先生	96
	からだにやさしい和定食	〃	100
	手作りこんにゃくで美味しいランチ	山下ルミ 先生	104
	カフェ風♪ タコライスランチ	河合太一 先生	108
	初夏を味わう キーマカレーランチ	本村真莉乃 先生	112
	彩り鮮やか！ ワンプレートイタリアン	髙橋廉 先生	116
	野菜たっぷり 韓国ランチ	滝川亜沙美 先生	120

調理実習

調理実習Ⅰ

谷澤登志美先生

実技テスト「イワシの手開き」の日

調理実習Ⅰは1年前期に学びます。
包丁の持ち方から野菜の切り方、魚のおろし方まで基本を学ぶ教科です。
調理技術の向上のために実技試験を実施しています。
試験に使用した食材を中心にした献立も実習します。

栄養成分値（1人あたり）

エネルギー　768kcal
たんぱく質　29.5g
脂質　　　　19.6g
炭水化物　　110.2g
食塩相当量　2.8g

menu
・五目御飯
・味噌汁（なめこ・豆腐・ミツバ）
・イワシの和風ハンバーグ
・小松菜のあえ物
・カノム・カイ・ノックガター（タイの揚げ菓子）

五目御飯

栄養成分値（1人あたり）

エネルギー　340kcal
たんぱく質　10.6g
脂質　　　　5.4g
炭水化物　　57.9g
食塩相当量　0.9g

材料（2人分）

精白米 … 140g　※洗って30分以上浸漬

A ┌ 水 … 160ml
　├ 薄口しょうゆ … 10g
　└ みりん … 10g

鶏もも肉 … 70g　※1cm角
にんじん … 20g　※せん切り
ごぼう … 20g　※笹がき
干しシイタケ … 1枚　※戻してせん切り

作り方

1. 米はざるに上げて水切りする。
2. 炊飯鍋に、Aを加え混ぜてから1の米を入れる。
3. その上に、鶏もも肉、にんじん、ごぼう、干しシイタケをのせて普通に炊く。
   ポイント：具材をのせてから、かき混ぜない

みそ汁

栄養成分値（1人あたり）

エネルギー	26kcal
たんぱく質	2.0g
脂質	0.9g
炭水化物	2.2g
食塩相当量	1.0g

材料（2人分）

だし … 240ml
なめこ … 30g　※洗って水切り
絹ごし豆腐 … 30g　※さいの目
みつば … 10g　※2cm長さ
信州みそ（塩分12％）… 14g

作り方

1. だしになめこ、豆腐を加え、みそを溶きいれる。
2. ひと煮立ちしたら、みつばを加え火を止める。

イワシの和風ハンバーグ

栄養成分値（1人あたり）

エネルギー	208kcal
たんぱく質	14.4g
脂質	10.6g
炭水化物	12.3g
食塩相当量	0.6g

材料（2人分）

〈すりみ〉
イワシ（正味）… 150g　※皮をむいたもの
食塩 … ひとつまみ
おろししょうが … 小さじ1/3
玉ねぎ（イワシの25〜30％）… 40g　※みじん切り
溶き卵（イワシの10％）… 15g
乾燥パン粉（イワシの10％）… 15g
調合油（焼き用）… 8g

〈添〉
しそ … 4枚
大根おろし … 60g
しょうゆ … 適宜
レモン … 1/3個　くし形

作り方

1. イワシはざく切りにしてから、食塩、おろししょうがと共にフードプロセッサーにかける。
2. ここに、玉ねぎみじん切り、溶き卵、乾燥パン粉を加えてよく混ぜ2個のハンバーグ型にする。
3. フライパンに油を熱し、2を加え強火で30秒、弱火にして3分焼く。
4. 裏返して、同様に焼く。
5. しそ、大根おろし、レモンと共に盛り付ける。
6. 好みで大根おろしにしょうゆをかけていただく。

小松菜のあえ物

栄養成分値（1人あたり）
エネルギー　13kcal
たんぱく質　1.0g
脂質　0.1g
炭水化物　1.3g
食塩相当量　0.2g

材料（2人分）

小松菜 … 100g　※洗って葉と軸に分ける

〈 土佐酢 〉
水 … 20ml
昆布 … 2cm
穀物酢 … 3g
みりん … 3g
薄口しょうゆ … 3g
かつお節 … 1g
※すべて合わせて昆布が広がるまでおく

かつお節 … 0.5g

作り方

1. 小松菜は3cm長さに切って、0.5％の食塩を加えた熱湯にまず軸を入れてゆでる。
2. 再沸騰したら葉を入れて、再沸騰したらざるに上げ水に通す（色止め）。
3. 水気を絞って盛り付ける。
4. 土佐酢：材料をひと煮たちさせてこす。
5. 土佐酢をかけかつお節をのせる。

カノム・カイ・ノックガター
（お菓子）（卵）（うずら）

栄養成分値（1人あたり）
エネルギー　181kcal
たんぱく質　1.4g
脂質　2.7g
炭水化物　36.4g
食塩相当量　0.1g

うずらの卵をかたどった、タイの揚げ菓子です。

材料（2人分）

さつま芋（正味） … 80g　※2cm角

A　[タピオカでんぷん … 40g
　　ベーキングパウダー … 1g　※合わせる
　　砂糖 … 15g]

ココナッツミルク … 5g
溶き卵 … 17g
揚げ油 … 適量

作り方

1. さつま芋はひたひたの水でやわらかくなるまでゆで、水気を切り、こふき芋にする。
2. ポテトマッシャーでつぶす。
3. ボールに、ココナッツミルク、溶き卵をまぜて、2のさつま芋とAを加えて混ぜしっかりこねる。
4. 直径2cm位にていねいに丸める。
5. 170℃の油できつね色に揚げる。

調理実習　｜　調理実習Ⅰ　｜　実技テスト「イワシの手開き」の日　｜　谷澤登志美 先生

谷澤登志美先生

実技テスト「大根のかつらむき」の日

今日は、「大根のかつらむき」の実技試験。
学生たちの調理能力も向上し、段取りよく調理に携われるようになってきました。

栄養成分値
（1人あたり）

エネルギー　746kcal
たんぱく質　27.4g
脂質　17.9g
炭水化物　113.7g
食塩相当量　2.9g

menu

・赤飯
・すまし汁（かまぼこ・水菜・えのきだけ）
・サワラの包み焼き
・大根とホタテのサラダ
・黒蜜団子

赤飯

味やかたさにムラのできない作り方。味は本格的です。

栄養成分値（1人あたり）

エネルギー　299kcal
たんぱく質　6.1g
脂質　0.9g
炭水化物　65.3g
食塩相当量　0.1g

材料（2人分）

小豆 … 16g
もち米 … 160g　※1時間以上浸漬
小豆のゆで汁 … 80g　※不足したら水をたす
ゴマ塩（市販）… 適宜

作り方

1. 小豆はたっぷりの水を加えて、煮る。煮汁が茶色になったら、煮汁を捨てる（渋切り）。
2. 新たに、水をたっぷり加えて小豆をかためにゆでる。小豆と煮汁に分ける。
3. 小豆のゆで汁を沸騰させ、水切りしたもち米を加え、混ぜながら水気がなくなるまで加熱する。
4. 小豆を混ぜる。
5. 蒸し器の上段に、蒸し布巾を一度ぬらしてからしっかり絞ったものを敷き、4をのせる。布巾でもち米を包むようにして、強火で20分蒸す。
6. 蒸しあがったら、すし桶にあけて、うちわであおいで粗熱をとる。
7. 茶碗によそい、ゴマ塩を好みでかける。

調理実習　｜　調理実習Ⅰ　｜　実技テスト「大根のかつらむき」の日　｜　谷澤登志美 先生

＼ すまし汁 ／

栄養成分値（1人あたり）

エネルギー	18kcal
たんぱく質	1.8g
脂質	0.1g
炭水化物	2.4g
食塩相当量	1.3g

材料（2人分）

だし … 240ml
食塩 … 小さじ 1/4　※約 0.7％食塩相当量
しょうゆ 小さじ 1/3　※約 0.7％食塩相当量
かまぼこ … 20g　※せん切り
えのきだけ … 20g
※石づきを取り、長さを半分に切る
水菜 … 20g　※2cm 長さ

作り方

1. だしを煮立て、食塩、しょうゆで調味する。
2. かまぼこ、えのきだけ、水菜を加えて火を通し、椀に盛る。

＼ サワラの包み焼き ／

栄養成分値（1人あたり）

エネルギー	242kcal
たんぱく質	15.6g
脂質	13.1g
炭水化物	13.2g
食塩相当量	0.9g

ホイル焼き。みそバター味のちゃんちゃん焼き風味。魚は鮭、鯖、鯛などでも美味しくいただけます。

材料（2人分）

サワラ切り身 … 80g（2切れ）※鮭・鯛・鯖などでもよい
食塩 … 少々

〈 具 〉

玉ねぎ … 40g　※薄切り
にんじん … 30g　※せん切り
ピーマン … 1個　※せん切り
調合油 … 少量

〈 合わせみそ 〉

西京みそ … 大さじ1　※混ぜ合わせる
みりん … 大さじ1

食塩不使用バター … 15g
アルミホイル … 30cm 長さ（2枚）

作り方

1. サワラに食塩をふって、しばらくおく。
2. アルミホイルに、調合油を薄く塗って、具の野菜を少量しき、水気をふき取ったサワラをおく。
残りの野菜をおき、上に合わせみそと、バターをのせてきっちり包む。
3. 220℃に予熱したオーブンで12分焼く。包みがぷっくり膨れたら焼けている。

大根とホタテのサラダ

栄養成分値（1人あたり）

エネルギー	61 kcal
たんぱく質	2.5g
脂質	3.4g
炭水化物	4.1g
食塩相当量	0.5g

実技試験の大根を今日はサラダでいただきます。

材料（2人分）

かつらむきの大根 … 70g　※1cm幅に切る
きゅうり … 70g　※ささうち
食塩 … 0.7g

〈ドレッシング〉

ホタテ水煮缶 … 20g　※混ぜ合わせる
マヨネーズ … 小さじ2
ポン酢しょうゆ … 小さじ2
白いりごま … 小さじ1

作り方

1. ポリ袋に大根、きゅうり、食塩を入れて混ぜあわせ、空気を抜いてしばらくおく。
2. しんなりしたらポリ袋ごとしっかり絞る。
3. ドレッシングで2をあえて盛り付ける。

黒糖団子

栄養成分値（1人あたり）

エネルギー	127 kcal
たんぱく質	1.5g
脂質	0.4g
炭水化物	28.8g
食塩相当量	0.0g

中に黒砂糖が入ったきな粉団子。温かいうちは黒蜜がトロッと流れます。

材料（2人分）

〈皮〉

白玉粉 … 40g
水 … 35g

〈あん〉

黒砂糖（粉末）… 30g
水 … 1〜2ml

きな粉 … 適量

作り方

1. 皮：白玉粉を水でこねて6等分する。
2. あん：黒砂糖に水を少量加えて練り、6等分し、それぞれを丸める。
3. 皮であんをていねいに包み、熱湯で浮き上がってくるまでゆでる。
4. ゆであがったら水気をきり、きな粉をまぶす。

調理実習 ｜ 調理実習Ⅰ ｜ 実技テスト「大根のかつらむき」の日 ｜ 谷澤登志美 先生

調理実習

調理実習 Ⅱ・Ⅲ

酒向純子先生

端午の節句

黄飯は、大分県臼杵市の郷土料理。大分県で黄飯が食べられるようになったのは戦国時代と言われています。藩が財政難に陥り、当時は高価だった小豆やささげの代わりにクチナシの実を用いて作られたのが始まりだといわれています。愛知県尾張地方にも同名の料理がありますが「きいはん」と読み、黒豆がのっており、端午の節句にいただきます。これは名古屋弁で「黄色い」を「きいない」ということからついた名前で、黄色は「邪気を払う」と言われていました。黒豆には「まめに健やかに」という意味があり、子供の成長への願いが込められています。

栄養成分値（1人あたり）

- エネルギー　551 kcal
- たんぱく質　28.2 g
- 脂質　9.6 g
- 炭水化物　88.5 g
- 食塩相当量　3.2 g

menu
- 黄飯（おうはん）
- 旬物の炊き合わせ
- ヨモギ麩と筍の辛子酢味噌和え

黄飯(おうはん)

栄養成分値
（1人あたり）

エネルギー　279kcal
たんぱく質　5.8g
脂質　　　　1.43g
炭水化物　　60.7g
食塩相当量　0.5g

材料（米2合分）

米 … 1合（180ml）
もち米 … 1合（180ml）
水 … 350ml
みりん … 大さじ1
塩 … 小さじ1/3
黒豆（茹でたもの）… 30g
くちなしの実 … 1個

作り方

1. 黒豆は一晩水につけて戻した後、たっぷりの湯で柔らかくなるまで煮る。（少し甘みをつけたものでも良い）くちなしの実は包丁の背でたたいて傷をつけ、ガーゼに包んで2カップの湯で煮出し冷ます。
2. 米ともち米は洗って水気を切る。
3. 炊飯鍋に2、くちなしで黄色く染まった水350ml、みりん、塩を入れ炊き上げる。
4. 炊き上がれば黒豆を混ぜ合わせる。

旬物の炊き合わせ

炊き合わせの塩分については、煮汁を飲まないことから「調理のためのベーシックデータ」に従って換算しています。

栄養成分値
（1人あたり）

エネルギー　177kcal
たんぱく質　14.2g
脂質　　　　7.3g
炭水化物　　14.2g
食塩相当量　1.9g

材料（2人分）

タケノコ … 120g

A
- 出し汁 … 100ml
- 酒 … 小さじ1
- 砂糖 … 小さじ1
- 薄口醤油 … 小さじ2

ふき … 40g
塩（ふきの2％）

B
- 出し汁 … 100ml
- 砂糖 … 小さじ1
- 薄口醤油 … 小さじ1
- 塩 … ひとつまみ

鶏ひき肉 … 120g

C
- 片栗粉 … 小さじ1
- ねぎ（みじん切り）… 10g
- 人参（みじん切り）… 10g
- しょうが汁 … 小さじ1
- 塩 … ひとつまみ

D
- 出し汁 … 100ml
- 醤油 … 小さじ2
- 砂糖 … 小さじ1
- みりん … 小さじ1・1/2

木の芽 … 2枚

作り方

1. タケノコは穂先を縦に1cm位の厚みで切る。元の部分は1cm位の半月切りにする。
2. 鍋にAを入れ、タケノコを入れて煮立てば落し蓋をして弱火にし、静かに煮含める。
3. ふきは2％の塩を振って板ずりする。鍋の大きさに合わせて切り、3分位茹でる。
4. 水にとって切り口から筋をひく。水気を切ってBに入れて加熱し、煮立ったら火を止めて手早く冷ます。
5. 鶏ひき肉は粘り気が出るまで良く練り、Cを加えてさらに練り混ぜる。
6. Dを鍋に入れて沸かし、鶏肉を団子状にして入れ、静かに煮含める。
7. タケノコ、ふき、鶏団子を盛り付け、タケノコの煮汁を少し張って木の芽を添える。

タケノコの茹で方

タケノコはいぼいぼを取って下のほうの固いところを切り、頭の部分を斜めに切ってから縦に包丁を入れます。
タケノコ2本に対して1・1/2カップ程度のぬかと赤唐辛子を入れて、たっぷりの水を加えて茹でます。1時間程茹で、竹串がすっと入るくらいになれば火を止めます。
そのまま冷まし、冷めたら皮をむいて水にさらします。
冷蔵庫で水を替えながら保存すれば1週間ほど日持ちします。

ヨモギ麩と筍の辛子酢味噌和え

栄養成分値
（1人あたり）

エネルギー　　95kcal
たんぱく質　　8.2g
脂質　　　　　0.9g
炭水化物　　　13.6g
食塩相当量　　0.8g

材料（2人分）

タケノコ（元の部分）… 50g
ヨモギ麩 … 40g

A ⎡ 出し汁 … 100ml
　 ｜ 薄口醤油 … 小さじ1
　 ⎣ みりん … 大さじ1/2

冷凍ロールイカ（甲イカ）… 50g

B ⎡ 白みそ … 15g
　 ｜ 砂糖 … 小さじ1
　 ⎣ 酢 … 小さじ2

溶きからし … 小さじ1/2
だし汁 … 適量

作り方

1. タケノコは1cm角に切る。ヨモギ麩も同様に1cm角に切る。
2. 1をAでさっと煮てそのまま冷ます。
3. イカは1cm角に切り、さっと茹でる。
4. Bを合わせて火にかけ、だしを少しずつ加えてちょうど良い固さにのばす。
   鍋肌がふつふつとしたら火から下ろして冷まし、溶きからしを加える。
5. 4の味噌で汁気を切った2、3を和える。

酒向純子先生

重陽の節句
ちょうよう

9月9日は、「重陽の節句」といわれ、平安時代初めに中国から伝わったとされています。家族の無病息災や子孫繁栄、不老長寿を願い、祝いの宴を開いたことが起源です。菊の花が盛りを迎える時期でもあることから「菊の節句」とも呼ばれ、菊は花持ちが良いことから長寿につながるとされ、観菊をしながら、菊酒を飲むと長生きできるとされてきました。また収穫を祝う秋祭りの総称「くんち」に茄子を食べると中風にならないと言われ、重陽の節句が9月9日（くんち）であることから、茄子料理を食べて無病息災を祈るとされてきました。

栄養成分値（1人あたり）

エネルギー	371kcal
たんぱく質	19.9g
脂質	25.8g
炭水化物	17.1g
食塩相当量	3.2g

menu
・菊花豆腐のお吸い物
・白身魚の翁蒸し
・利休茄子

菊花豆腐のお吸い物

和定食は塩分が高くなりがちです。汁物は全部飲まず、吸地は残すことをお勧めします。

栄養成分値（1人あたり）

エネルギー	34 kcal
たんぱく質	3.6 g
脂質	1.8 g
炭水化物	1.5 g
食塩相当量	1.3 g

材料（2人分）

絹ごし豆腐 … 100g
ほうれん草 … 10g
おろししょうが … 3g
出し汁 … 300ml

A ┌ 塩 … 小さじ1/3
　└ 薄口醤油 … 小さじ1/3

作り方

1. 豆腐は正方形に切り、高さの2/3まで縦、横に細かく包丁を入れる。
2. ほうれん草は色よく茹でて、3cmほどに切る。
3. 出し汁を沸かし、Aをあわせて温める。
4. 椀に豆腐を盛り、ほうれん草を添えて出し汁をはる。
5. 豆腐が開けばまん中におろししょうがを乗せる。

調理実習 ｜ 調理実習Ⅱ・Ⅲ ｜ 重陽の節句 ｜ 酒向純子 先生

白身魚の翁蒸し
（おきなむ）

栄養成分値
（1人あたり）

エネルギー　120kcal
たんぱく質　13.0g
脂質　　　　5.9g
炭水化物　　4.7g
食塩相当量　0.8g

材料（2人分）

白身魚（1切れ60g）… 2切れ
酒 … 適量
とろろ昆布 … 4g
出し昆布（3×5）… 2枚
にんじん … 3cm
さやえんどう … 4枚

A ┃ 出し汁 … 2カップ
　 ┃ 砂糖 … 大さじ1/6
　 ┃ 薄口醤油 … 小さじ2
　 ┃ 酒 … 小さじ1

片栗粉＋水 … 各小さじ1
針しょうが … 10g

作り方

1. 魚は酒を振り下味をつけ、しばらくおく。
   出し昆布はさっと水にくぐらせ戻す。
2. にんじんは季節の抜型で抜く。
   さやえんどうは筋を取り、共にさっと茹でる。
3. 1の昆布の上に汁気を切った魚をのせ、さらにとろろ昆布をふんわりのせて、中火の蒸し器で8分ほど蒸す。
4. Aを合わせて煮立て、水溶き片栗粉でとろみをつけ銀あんを作る。
   3にたっぷりかけ、にんじん、さやえんどうをあしらい、針しょうがを天もりにする。

利休茄子
りきゅうなす

煮物の塩分、揚げ物の吸油率は「調理のためのベーシックデータ」に従って換算しています。

栄養成分値（1人あたり）

エネルギー　217kcal
たんぱく質　3.3g
脂質　18.1g
炭水化物　10.9g
食塩相当量　1.2g

材料（2人分）

茄子 … 160g
揚げ油 … 適量

A
- 出し汁 … 1カップ
- 酒 … 小さじ1
- 砂糖 … 小さじ1
- 薄口醤油 … 小さじ2

B
- 練りごま … 小さじ2
- 醤油 … 小さじ2
- 白炒りごま（あたる）… 小さじ1
- みりん … 小さじ1
- 酒 … 小さじ1
- 生姜汁 … 小さじ1/3
- 砂糖 … 小さじ1/3
- だし汁 … 大さじ1/3～

作り方

1. 茄子は皮をむき、食べやすい大きさに切って重曹を加えた水につける。（茄子が、かぶるくらいの水に重曹を小さじ1/2程加える）
2. 180度の油で揚げる。
3. Aを沸かして作った煮汁に1の茄子を漬け込み冷やす。
4. Bをあわせて、ごまだれを作る。
5. 器に茄子を盛り付け、ごまだれをかける。

調理実習 ｜ 調理実習Ⅱ・Ⅲ ｜ 重陽の節句 ｜ 酒向純子 先生

調理実習

調理実習Ⅳ

谷澤登志美先生

「タイ料理」の日 その①

本格的なガパオライスより、かなり辛さを抑えてあります。
辛い味はタイ唐辛子のあとがけで調味していただきます。
タイの調味料は日本と同様、発酵調味料が多いのでなじみやすい味です。

栄養成分値
（1人あたり）

エネルギー　863kcal
たんぱく質　36.1g
脂質　　　　30.2g
炭水化物　　107.2g
食塩相当量　3.2g

menu

・カオ・パット・ガパオ・ガイ（ガパオライス）
・ヤム・ウンセン（春雨のサラダ）
・チャー・ゼリー（タイ紅茶のゼリー）

＼ カオ・パット・ガパオ・ガイ ／

（お菓子　炒める　ガパオの葉　鶏肉）

栄養成分値（1人あたり）

エネルギー　585 kcal
たんぱく質　25.2 g
脂質　　　　23.8 g
炭水化物　　66.1 g
食塩相当量　 2.0 g

材料（2人分）

〈飯〉

ジャスミンライス … 140g　※洗って水切り
水 … 170ml　※米重量の1.2倍重量
鶏もも肉 … 200g　※1cm角

A　┌ 赤パプリカ … 30g　※1.5cm角
　　│ ピーマン … 30g　　〃
　　└ たまねぎ … 90g　　〃

B　┌ にんにく … 1/3片
　　│ ※クロック（タイのすり鉢）でつぶす
　　│ 　あるいはみじん切り
　　│ プリッキーヌ（タイ唐辛子）… 1本
　　└ パクチーの根 … 1本

調合油（炒め用）… 小さじ2

C　┌ ※混ぜ合わせる
　　│ ナンプラー … 大さじ1/2
　　│ オイスターソース … 大さじ1/2
　　│ 砂糖 … 大さじ1/2
　　│ シーズニングソース … 大さじ1/2
　　└ シーユーダム … 小さじ1

ガパオ … 葉のみ10g

〈星卵〉

卵 … 2個
調合油 … 適量

きゅうり 1/3本　※斜め薄切り

作り方

1. ジャスミンライスは、米重量の1.2倍重量の水を加えて浸漬せずに炊く。
2. 炒め鍋に、調合油（炒め用）とBを入れて火にかけ香りが出るまで炒める。
3. ここへ、鶏肉をいれてかるく炒め、Aの野菜を入れて炒める。
4. Cを加え炒め鶏と野菜に火が通ったらガパオを加えて火を止める。
5. 星卵（カイ・ダーオ）：多めの油で目玉焼きを好みの焼き加減で作る。
6. 皿に、炊き上がったジャスミンライス、汁ごとの4、星卵、きゅうりを盛り合わせる。

ヤム・ウンセン

和える　春雨

エネルギー	168 kcal
たんぱく質	9.1 g
脂質	4.4 g
炭水化物	20.2 g
食塩相当量	1.1 g

栄養成分値（1人あたり）

タイの代表的な春雨のサラダ。たっぷりのシーフード入り。オイルが入らないのでエネルギーも低めです。

材料（2人分）

緑豆春雨 … 30g　※水に20分以上つけておく

豚ひき肉 … 20g　※混ぜ合わせる
酒 … 小さじ2
水 … 大さじ1

A
- 無頭えび … 4尾　※背ワタ・殻をとる
- いか … 20g　※短冊切り
- きくらげ … 2g　※戻す
- 干しエビ … 5g

B
- セロリ … 20g　※3cm長さのせん切り
- 小ねぎ … 1/2本　※2cm
- プチトマト … 2個　※縦半分に切る
- 紫たまねぎ … 10g　薄切り

C
- ナンプラー … 小さじ2
- レモン汁 … 小さじ2
- 砂糖 … 小さじ2
- プリッキーヌ（タイ唐辛子）… 1本
- にんにく … 1/3片
- ※クロック（タイのすり鉢）でつぶす　あるいはみじん切り

ピーナッツ … 小さじ2　※粗く砕く
レタス … 1枚
パクチーの葉 … 適宜

作り方

1. 春雨は熱湯でゆでて水にさらし水気を切る。
2. 豚ひき肉と酒、水を合わせて小鍋に入れて火にかけ、混ぜながらぽろぽろに炒る。ざるに上げて水気を切る。
3. 鍋にたっぷりの湯を沸かし、Aを火の通りにくい順にいれ火を通し、最後にまとめてざるに上げて、水切りする。
4. Cの調味料を合わせて、1、2、3、Bの野菜、ピーナッツをあえる。
5. 器にレタス、パクチーの葉と共に盛り付ける。

チャー・ゼリー
和える　春雨

栄養成分値（1人あたり）
- エネルギー　111kcal
- たんぱく質　1.8g
- 脂質　2.0g
- 炭水化物　20.9g
- 食塩相当量　0.1g

甘い香りとレンガ色のタイ紅茶。タイで大人気の甘く冷たいミルクティーをゼリーにしました。

材料（2人分）

タイ紅茶 … ティーバック1袋
　　　　※熱湯140mlにつける（100ml使用）

A
- 砂糖 … 20g　※混ぜ合わせる
- アガー … 3g

水 … 70ml

B
- コンデンスミルク … 25g　※混ぜ合わせる
- 牛乳 … 50ml

好みの果物
（キウイフルーツ・パイナップル etc）… 適量

作り方

1. 小鍋にAを混ぜ合わせ、水で溶いてから1のタイ紅茶100mlを混ぜ合わせる。
2. 火にかけて、混ぜながら沸騰させバット等に流し、冷やし固める。
3. 2のゼリーをスプーンなどですくい、器に移す。
4. Bをかけて、好みの果物を飾る。

タイの食材と調味料

ジャスミンライス：香り高いタイの長粒米　※ジャスミンティーで炊くわけではありません
プリッキーヌ：タイの唐辛子　※小さいほど辛い、通常種ごと使用する
ナンプラー：イワシなどの小魚が原料の魚醤
シーズニングソース：大豆が主原料のソース
シーユーダム：黒くコクのあるしょうゆ　※どろりとしています
ガパオ：ホーリーバジルの葉

谷澤登志美先生

「タイ料理」の日 その②

カオ・マン・ガイ。海南鶏飯とかシンガポールライスなどとも言いますが同じものです。東南アジアで広く食べられています。本来は、丸ごとの鶏肉をゆでて、ゆで汁でご飯を炊き、スープを作るというとても合理的な無駄なし料理です。

栄養成分値（1人あたり）

エネルギー	698kcal
たんぱく質	25.2g
脂質	28.3g
炭水化物	82.6g
食塩相当量	3.5g

menu

- カオ・マン・ガイ（タイ風チキンライス）
- ヤム・マックワ（焼きナスのサラダ）
- トム・ファック（冬瓜のスープ）
- クルアイ・ブアッチー（バナナのココナッツミルク煮）

カオ・マン・ガイ
（ごはん　油　鶏肉）

栄養成分値（1人あたり）

エネルギー　347kcal
たんぱく質　17.6g
脂質　12.4g
炭水化物　40.3g
食塩相当量　1.7g

材料（2人分）

〈茹で鶏〉
- 鶏むね肉 … 1/3枚　※皮に金串で穴をあける
- 鶏もも肉 … 1/3枚　　〃
- 水 … 1L
- しょうがの皮 … 適量
- ねぎの青いところ … 適量

〈飯〉
- ジャスミンライス … 160g　※洗って水切り
- 鶏のゆで汁 … 190g　※冷ます
- 食塩 … 小さじ1/4
- 調合油 … 小さじ2
- にんにく … 1/2片　※みじん切り
- しょうが薄切り … 3枚
- パクチーの根 … 1本　※なくてもよい

〈たれ〉
- しょうが … 10g　※すりおろす
- にんにく … 1/2片　※すりおろす
- プリキーヌ（タイ唐辛子）… 1本　※みじん切り
- タオチオ … 20g
  ※タイ液みそ（信州みそでも可）
- シーユーダム … 小さじ1/2
  ※タイ黒しょうゆ（たまり醤油でも可）
- 砂糖 … 小さじ2
- レモン汁 … 大さじ1

〈添〉
- トマト … 1/4個　※薄切り
- きゅうり … 1/3本　※斜め薄切り
- パクチー … 1枝

作り方

1. 茹で鶏：分量の水に、鶏むね肉、鶏もも肉、しょうがの皮、ねぎの青いところを加えて火にかける。
2. 沸騰したら、軽く沸騰を続けるくらいの火加減にして鶏が浮いてくるまでゆでる。そのまま冷ます。
3. 炊飯鍋に、調合油とにんにくを入れて火にかけ焦げないように炒める。香りが出たら、ジャスミンライスを炒める。
4. 油がまわったら、鶏のゆで汁、食塩、しょうが、パクチーの根をのせて普通に炊く。
5. たれの材料をすべて合わせる。
6. 皿に、4のご飯、茹で鶏の薄切り、きゅうり、トマト、パクチーを盛り合わせ、たれを添える。

※いただき方：鶏肉にたれをつけながら召し上がってください。

ヤム・マックワ
（和える なす）

日本でもおなじみ焼きナスはタイでもおなじみ。タイ風のドレッシングでいただきます。

栄養成分値（1人あたり）

エネルギー	47kcal
たんぱく質	4.1g
脂質	0.1g
炭水化物	6.4g
食塩相当量	0.7g

材料（2人分）

長なす … 2本　※皮に浅く切り込みを数か所入れる

〈ゆでえび〉
無頭えび 4尾　※背ワタを取る
酒 … 小さじ2
水 … 100ml
食塩 … 小さじ1/2
紫玉ねぎ … 1/8個　※薄切り（水にさらす）

〈ドレッシング〉
ナンプラー … 小さじ1
レモン汁 … 小さじ1
砂糖 … 小さじ1
プリッキーヌ（タイ唐辛子）… 1本　※クロック（タイのすり鉢）でつぶす　あるいはみじん切り
にんにく … 1/3片　※クロック（タイのすり鉢）でつぶす　あるいはみじん切り
パクチーの葉 … 少量

作り方

1. なすはグリルで、やわらかく、焦げ目がつくまで焼く。
2. 熱いうちに皮をむき、皿に盛り付ける。
3. えびは水に酒、食塩を加えてゆでる。冷めるまでそのままおいて殻をむく。
4. ドレッシング：材料をすべて混ぜ合わせる。
5. なすの上に水切りした紫玉ねぎ、えびを置いてドレッシングをかける。

ト厶・ファック
（汁　冬瓜）

栄養成分値（1人あたり）
エネルギー　27kcal
たんぱく質　1.4g
脂質　0.9g
炭水化物　2.8g
食塩相当量　0.9g

カオ・マン・ガイには必ずついてくる、お約束スープ。

材料（2人分）

冬瓜 … 150g　※皮をむき一口大に切る
鶏ゆで汁 … 400ml
ナンプラー … 小さじ2
ガティアム・チオ … 適宜　※揚げにんにく

作り方

1. 鶏のゆで汁で冬瓜をやわらかく煮る。
2. ナンプラーで味を調える。
3. いただくときに、好みでガティアム・チオをふる。

クルアイ・ブアッチー
（バナナ　尼さん）

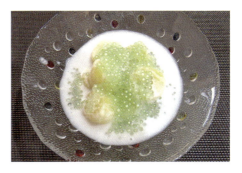

栄養成分値（1人あたり）

エネルギー　278kcal
たんぱく質　2.2g
脂質　15.0g
炭水化物　33.0g
食塩相当量　0.2g

バナナを甘いココナッツミルクで煮たデザート。タピオカも入っています。冷たく冷やすとココナッツミルクが固まってしまうため、いただくときに氷をのせます。

材料（2人分）

タピオカ … 20g
バナナ … 1本　※2cm厚さ
ココナッツミルク … 200ml
砂糖 … 20g
食塩 … ひとつまみ

作り方

1. タピオカ：600ml以上のたっぷりの熱湯に、タピオカをふり入れる。
   タピオカが循環する程度の火加減にして、中心に針の先程度の芯が残るくらいまでゆでる。
2. 水洗いしてから、水の中にいれておく。
3. ココナッツミルクを沸かし、砂糖、食塩を加え、バナナを加えてかるく煮る。
4. 器によそい、2のタピオカをのせる。

大塚弘美先生

手作りパン講座
オーツミルクハニー

オーツミルクのほのかな甘さとはちみつ香る、ふんわり食パン。
植物性のオーツミルクは食物繊維・カルシウムが豊富です。
オーツ麦の皮に含まれる甘い香りや香ばしさはパンにピッタリ♪
牛乳の代わりに仕込み水に使用すると、たんぱく質が少ない分、ふわふわのパンが焼き上がります。
オーツミルクは味や風味にクセが無いので、パンやお菓子作り・料理にいろいろ使うことができます。

小さく分割し、テーブルロールにしたり、ちぎりパン風もおすすめです。牛乳アレルギー対応にはスキムミルクを除き、バターをショートニングに置き換えます。

材料（作りやすい量・1斤分）

A
- 強力粉 … 250g
- 塩 … 4g
- スキムミルク … 8g

ドライイースト … 5g

B
- 卵黄 … 1個分
- オーツミルク（砂糖不使用） … 120g
- 水 … 25～30g
- はちみつ … 30g

バター … 20g

はちみつ＋水 … 適量

1斤型 … 1本

作り方

1. **ミキシング（捏ね）**
   ボウルにA・ドライイーストを入れ、Bを加えてよく捏ねます。途中バターを加え更に捏ねます。
   捏ね上げ生地温 =25～28℃

2. **一次発酵**
   丸めてボウルに入れ、ラップをして2～2.5倍になるまで発酵させます。（30℃前後で40分～50分位を目安）

3. **分割 → 丸め → ベンチタイム**
   2～3等分にし、丸めて10～15分休ませます。

4. **成形**
   丸め直してオイルを塗った型に入れます。

5. **ホイロ（二次発酵）**
   35℃前後で型の高さになるまで発酵させます。

6. **焼成**
   180℃のオーブンで25～28分焼きます。
   焼き上がったら型から出し、水で薄めたはちみつを薄く塗ります。

お惣菜マフィン

食事にもおやつにもお弁当にもなる、塩味系のお食事マフィン。
材料をどんどん混ぜていくだけ、ワンボウルで簡単にできます。野菜やウインナー・チーズを使い栄養価もボリュームもUP、季節の野菜を彩りよくトッピングしておいしさもプラスします。
トッピング野菜はお好きにアレンジしていただけます。
焼きたてはもちろん、冷たくしてもおいしいマフィンです♪

材料（作りやすい量・6個分）

A
- バター（無塩）… 25g
- 米油 … 25g

卵 … 1個
グラニュー糖 … 25g
粉チーズ … 25g
塩・黒こしょう … 各少々
牛乳 … 50g
アーモンドプードル … 20g

B
- 薄力粉 … 100g
- ベーキングパウダー … 5g

〈 具材 〉
玉ねぎ … 50g
　※短めの薄切り
ウインナー … 4本
　※3mmの厚さの輪切り
かぼちゃ … 40g
　※7mm角に切る

〈 トッピング 〉
ミニトマト … 6個
　※4つ割り
ブロッコリー … 50g
　※固茹でにし小房に割る
ケチャップ … 30g位
シュレッドチーズ … 30g

作り方

1. Aを電子レンジ600w20～30秒かけ、溶かします。
2. ボウルに卵を割りほぐし、グラニュー糖を加え混ぜ合わせます。
3. 2に粉チーズ・塩・黒こしょうを加えます。
4. 1を加えよく混ぜ乳化させます。
5. 牛乳を加え合わせます。
6. アーモンドプードルを混ぜます。
7. Bをふるって加え、ホイッパーで合わせます。
8. 玉ねぎ・ウインナー・かぼちゃをゴムベラで混ぜ合わせます。
9. マフィンカップに6等分にします。
10. ケチャップを少量のせ、ミニトマト・ブロッコリー・チーズをのせます。
    180℃のオーブンで20～25分焼きます。

調理実習

調理実習Ⅴ

谷澤登志美先生

ビタミン特化メニュー

エネルギーの摂りすぎには敏感な私たちも、ビタミンが不足？といわれてもピンときませんね。果物を食べてればいいんでしょう？　ではもちろんいけません。
太りたくないあまり、食事量を減らせば栄養素が不足するのは当たり前。
簡単にできて、無理なく不足がちなビタミンが摂れる献立を紹介します。

栄養成分値（1人あたり）

エネルギー	684 kcal
たんぱく質	31.5 g
脂質	14.2 g
炭水化物	99.1 g
食塩相当量	2.9 g

ビタミンA	400 μgRAE
ビタミンD	26.0 μg
ビタミンB₁	0.61 mg
ビタミンC	147 mg

menu

・鮭の味噌ミルクシチュー
・麦ご飯
・みかんゼリー
・かぼちゃのバルサミコ炒め
・水菜サラダ

栄養素		18〜29歳女性 推奨量・目安量※1	20〜29歳女性 摂取量※2
ビタミンA	μgRAE	650	402
ビタミンD	μg	9.0	4.9
ビタミンB₁	mg	0.8	0.79
ビタミンC	mg	100	60

※1. 推奨量　目安量
　　日本人の食事摂取基準（2025年度版）適用
※2. 令和4年国民健康・栄養調査結果

32

鮭の味噌ミルクシチュー

栄養成分値（1人あたり）

ビタミンA	196 µgRAE
ビタミンD	25.9 µg
ビタミンB_1	0.29 mg
ビタミンC	82 mg

材料（2人分）

生鮭 … 160g　※一口大に切り、食塩をふる
食塩 … 0.8g
玉ねぎ … 60g　※2cm角
じゃが芋 … 80g　※2cm角
にんじん … 40g　※いちょう切り
カリフラワー … 60g　※小房に分ける
ブロッコリー … 60g　※小房に分ける
水 … 400ml
顆粒コンソメ … 3g
牛乳 … 200ml　※混ぜる
西京みそ … 15g
上新粉 … 9g　※水溶き
水 … 大さじ2
食塩 … 1.2g
白こしょう … 少量

作り方

1. 生鮭は分量の塩をふって10分おき、霜降りにする。
2. ブロッコリーとカリフラワーはかためにゆでる。
3. 鍋に、玉ねぎ、じゃが芋、にんじん、水、顆粒コンソメを加えてやわらかくなるまで煮る。
4. 牛乳と西京みそを加え、上新粉の水溶きでとろみをつけ塩、白こしょうで味を調える。
5. 1の鮭、カリフラワー、ブロッコリーを加え、鮭に火が通るまで煮て盛り付ける。

麦ごはん

栄養成分値 (1人あたり)		
	ビタミンA	0 μgRAE
	ビタミンD	0.0 μg
	ビタミンB₁	0.08 mg
	ビタミンC	0 mg

材料（2人分）

精白米 … 100g
押し麦 … 40g
水 … 230g
　※米重量の1.5倍＋押し麦重量の2倍

作り方

1. 精白米、押し麦を合わせて洗い、分量の水に30分以上浸漬する。
2. 普通に炊く。

みかんゼリー

栄養成分値 (1人あたり)		
	ビタミンA	59 μgRAE
	ビタミンD	0.0 μg
	ビタミンB₁	0.07 mg
	ビタミンC	22 mg

材料（2人分）

温州ミカン … 4個　※へたを上1cmで切る。

A　砂糖 … 10g
　※砂糖とゼラチンを混ぜてから水を加えふやかす
　ゼラチン … 6g
　水 … 30ml

作り方

1. 温州ミカンは皮をていねいに外し、ゼリーの容器にする。
2. みかんから汁を絞る。150ml取り分ける。
3. Aを電子レンジに30秒かけてゼラチンを溶かし、2に混ぜる。
4. みかんの皮に流し冷やし固める。

かぼちゃのバルサミコ炒め

栄養成分値（1人あたり）

ビタミンA	106 µgRAE
ビタミンD	0.0 µg
ビタミンB₁	0.04 mg
ビタミンC	22 mg

材料（2人分）

かぼちゃ … 100g　※7mm 厚さ
オリーブ油 … 小さじ2
バルサミコ酢 … 小さじ2
こしょう … 適量

作り方

1. フライパンにオリーブ油、かぼちゃを入れてまぜて油をからめてから火をつける。
2. 両面をこんがり焼く。
3. バルサミコ酢を入れてからめ、こしょうをふる。

水菜サラダ

栄養成分値（1人あたり）

ビタミンA	40 µgRAE
ビタミンD	0.1 µg
ビタミンB₁	0.14 mg
ビタミンC	21 mg

材料（2人分）

A ┌ 水菜 … 70g　※2cm 長さ
　 └ 紫玉ねぎ … 10g 薄切り

豚もも薄切り … 30g

〈ドレッシング〉
しょうゆ 小さじ1　※混ぜる
レモン汁 小さじ1　※混ぜる
砂糖　　 小さじ1　※混ぜる

作り方（2人分）

1. Aの野菜はざるに上げ、上から熱湯を回しかける。冷まして絞る。
2. 豚もも肉はさっと湯がいて、せん切りにする。
3. 器に1の野菜、2の豚肉をドレッシングで和える。

大島知美先生

カルシウム・鉄特化メニュー

成人女性の1日あたりの栄養素摂取量の現状を見ると、20歳から29歳の若い女性は特にカルシウムと鉄において、推奨量に比べて摂取量がかなり少ないことが分かります。（下表参照）
そこで、我が家の子育て時に実際に作っていた、カルシウムと鉄に特化したメニューを紹介します。

栄養成分値（1人あたり）

- エネルギー　868kcal
- たんぱく質　41g
- 脂質　23g
- 炭水化物　111g
- 食塩相当量　4.0g

カルシウム	575mg
鉄	19.6mg

menu

- アサリの炊き込みご飯
- 鶏レバーのカレー煮
- 我が家のお楽しみ袋
- ほうれん草と春菊の和え物
- 簡単！ポテトスープ
- 小豆ミルクゼリー

栄養素		18〜29歳女性 推奨量※1	20〜29歳女性 摂取量※2
カルシウム	mg	650	359
鉄	mg	10.0	5.9

※1. 日本人の食事摂取基準（2025年度版）適用　女性（月経あり）の推奨量
※2. 令和4年国民健康・栄養調査結果

アサリの炊き込みご飯

カルシウム	52mg
鉄	13.4mg

（1人あたり）

材料（2人分）

米 … 1合
アサリの水煮缶（内容総量85g）… 1缶
生姜 … 10g
みりん … 大さじ1
酒 … 大さじ1
三つ葉少々

作り方

1. 米は水洗いし、ザルに上げて水切りをする。生姜はみじん切りにする。
2. 炊飯器に米、あさりの水煮、生姜、みりん、酒を入れ、分量の目盛まで水を注ぎ入れ、普通に炊く。
3. ごはん茶碗に盛り、切り三つ葉をのせる。

鶏レバーのカレー煮

カルシウム	17mg
鉄	3.2mg

（1人あたり）

材料（2人分）

鶏レバー … 60g
にんじん … 60g
カレー粉 … 大さじ1/2
酒 … 大さじ1
砂糖 … 大さじ1
しょうゆ … 大さじ1

作り方

1. 鶏レバーはひと口大に切り、流水で血を流す。にんじんもひと口大の乱切りにする。
2. 鍋ににんじんを入れ、かぶるくらいの水を注ぎ、落し蓋をしてやわらかくなるまで10分程煮る。
3. 酒、砂糖、しょうゆ、鶏レバーを加え、軽く沸騰させてアクを取り、カレー粉を加え、再び落し蓋をして5分程煮る。
4. 味見をして火を止め、具材に味がしみ込むまで置く。

我が家のお楽しみ袋

カルシウム	174mg
鉄	1.0mg

（1人あたり）

材料（2人分）

芽ひじき … 4g
にんじん … 20g

A［ だし汁 … 40ml
　　みりん … 小さじ1
　　しょう油 … 小さじ1/2 ］

ひきわり納豆 … 30g
スライスチーズ（16g）… 2枚
スライス餅（6g）… 2枚
揚げ（大・11g）… 2枚
小ネギ … 20g
つまようじ、好みでポン酢や練り辛子

作り方

1. にんじんは2cm長さのせん切りにする。小ネギは小口切りにする。
2. 小鍋にAの調味料を入れ、芽ひじきとにんじんを加えて弱火で汁気がほとんど無くなるまで煮る。火からおろし、冷ます。
3. ボウルに2、ひきわり納豆、小ネギを加え混ぜる。
4. 3を2等分し、揚げの一辺を開き、スライスチーズと餅が両側、3が真ん中になるように詰め入れ、つまようじで閉じる。
5. フライパンに餅の側を下に並べて蓋をし、弱火で餅とチーズがとろけるまで両面焼く。
6. 好みでポン酢や練り辛子をつけていただく。

※冷めると餅が硬くなるので、電子レンジで温めなおすと良い。

ほうれん草と春菊とシラスの和え物

カルシウム	100mg
鉄	1.2mg

（1人あたり）

材料（2人分）

ほうれん草 … 70g
春菊 … 30g
シラス干し（半生）… 15g
柚子の皮 … 4g
柚子の果汁 … 大さじ1/2
炒りごま … 4g

作り方

1. 春菊は茎と葉を分け、茎を斜め切りにする。ほうれん草は根の下処理をし、5cm幅に切る。
2. 沸騰した湯に春菊の茎、ほうれん草、春菊の順にサッとゆでて水に放ち、水気をしっかりと絞る。
3. 柚子の皮はみじん切りにする。果汁を絞っておく。
4. ボウルに2、3、シラス干し、炒りごまを加え、よく混ぜ合わせる。

簡単！ポテトスープ

カルシウム	146 mg
鉄	0.3 mg

（1人あたり）

材料（2人分）

じゃがいも（メイクイーン）… 70g
玉ねぎ … 1個（70g）
ベーコン … 15g
オリーブ油 … 小さじ1
バター … 7g
牛乳 … 250ml
固形スープ … 4g
塩 … 少々
パプリカパウダー

作り方

1. じゃがいも、玉ねぎは皮をむき、適当な大きさに切る。ベーコンも適当な大きさに切り、ともにフードプロセッサーにかけ、みじん切りにする。
2. 鍋にオリーブ油とバターを入れて火にかけ、1を加えてゴムベラで炒める。
3. 全体に火が通ってなめらかになったら、牛乳、固形スープを加え、焦げつかないように注意してヘラで混ぜながらポタージュ状に仕上げる。
4. 塩少々を加え、味を調える。あればパプリカパウダーを振る。

小豆ミルクゼリー

カルシウム	88 mg
鉄	0.5 mg

（1人あたり）

材料（2人分）

粉ゼラチン … 5g
水 … 17g
牛乳 … 150ml
煮あずき（加糖）… 70g

作り方

1. 粉ゼラチンは水に振り入れておく。
2. 鍋に牛乳を入れ、火にかけて沸騰直前まで温めて火を止め、1を加え混ぜて溶かす。
3. 煮あずきを加え混ぜ、カップに注ぐ。揺らさないようにすると2色にきれいに分かれる。
4. 粗熱をとり、冷蔵庫に入れて冷やし固める。

大島知美先生

夏を元気に乗り切る！ 薬膳

「薬膳ってなあに？」
難しくいうと … 中国伝統医学理論にもとづいて作られた食事です。
簡単にいうと … 季節や、その人その人の体調に合わせて作る食事です。
そう、薬膳は自分のカラダの声を聞いて作るもの。

- カラダが冷えたら温めればいいのです（生姜、ネギなどはカラダを温めます）。
- カラダに熱があれば冷やせばいいのです（瓜類などはカラダを冷やします）。
- 足りなければ補えばいいのです（お米を食べると元気になります）。
- 多ければ取り去ればいいのです（トウモロコシや小豆はカラダの余分な水分を取り去ります）。**食べ物にはすべて効能があるのです。**

薬膳にはカロリーという考え方はありません。

menu
- とうもろこしと緑豆のお粥
- オクラのスープ
- ローズヒップとハイビスカスのゼリー
- 薬膳豚しゃぶ
- トウモロコシのヒゲ茶

とうもろこしと緑豆のお粥

とうもろこしは、食物の消化吸収力を高め、むくみや便秘に良いとされます。緑豆も同じく利尿作用があり、カラダの熱を冷まし、解毒作用もあります。

材料（作りやすい分量）

お米 … 1カップ
水 … 1000ml
とうもろこし … 1本
緑豆 … 大さじ2
ちりめんジャコ … 15g
サラダ油 … 小さじ1
塩 … 少々

作り方

1. お米はとぎ、ザルにあげておく。緑豆は水に浸しておく。
2. とうもろこしは皮をむき、包丁で実を削り取り、粗みじんにする。
3. 土鍋に水1000mlを沸騰させ、1を一気に入れて再び沸騰したら2のトウモロコシの実、緑豆、ちりめんジャコを加え、サラダ油をたらして蓋をし、弱火で30分程度煮る。
4. 仕上げに塩少々で味を調える。

オクラのスープ

オクラや山芋は疲労回復、夏バテ防止によい食材です。ねばねば成分は、便秘や大腸がん予防にも良いといわれています。

材料（2人分）

オクラ … 8本（約75g）

A
- だし汁 … 150ml
- 薄口しょうゆ … 大さじ1/2
- 塩 … ひとつまみ
- みりん … 小さじ1

山芋 … 70g
梅干しのたたいたもの … 小さじ1
板ずり用とゆで用の塩

作り方

1. オクラは洗い、ヘタの処理をし、板ずりをして塩少々を入れた熱湯でゆでる。
ゆで上がったら冷水にとり、水分を切り、半分に切っておく。
2. 1のオクラとAの調味料をミキサーにかける。
3. 山芋はヒゲ根を焼き、すりおろしてとろろ状にする。
4. スープ皿に2のオクラスープを注ぎ、3の山芋をのせ、まん中にたたいた梅干しを飾る。

薬膳豚しゃぶ

豚肉は、腎を補い、滋養強壮、体力を回復させます。レタスはカラダの熱を冷まし、むくみを取り、血を活き活きと巡らせます。
生野菜は身体を冷やしますが、ニンニク、白ネギ、生姜、黒砂糖、クルミ、松の実といった身体を温める食材がいっぱい入った薬膳タレをかけて一緒に食すことにより、寒熱のバランスをとります。

材料 (2人分)

しゃぶしゃぶ用豚ロース肉 … 160g

※ 紹興酒 … 大さじ2
　ネギ … 10cm
　生姜のスライス … 1片分)

ナツメ … 2個
レタス … 1/4玉
緑豆もやし … 1/2袋
しその葉 … 6枚
パプリカ … 1/6個

〈 薬膳タレ 〉

ニンニク(みじん切り) … 1片分
白ネギ(みじん切り) … 10cm分
生姜(みじん切り) … 1片分
黒砂糖 … 大さじ2
しょうゆ … 40ml
ゴマ油 … 大さじ2
粉唐辛子 … 少々
クルミ(みじん切り) … 2個分
松の実(みじん切り) … 大さじ1
リンゴ酢 … 20ml

作り方

1. ナツメはひと晩水につけてやわらかくしておく。
2. 薬膳タレを作る。
   材料はすべてみじん切りにし、調味料と合わせておく。
3. パプリカは種を取り、薄く輪切りにする。
4. レタス、しその葉は洗い、水気を切り、レタスは3cm角に切り、しその葉はせん切りにする。
5. 鍋に1500mlの水を入れ、1のナツメの戻し汁と※の材料を加え、火にかけて一度沸騰させる。
   火を消し、沸騰より少し低い温度にして豚肉を1分程ゆで、ザルにあける。この操作を繰り返す。
6. 5のゆで汁はペーパーを敷いたザルでこし、もやしをゆで、ザルにあける。
7. 皿にレタスを敷き、豚肉、もやし、パプリカを彩りよく並べ、しその葉のせん切りを天盛りにし、食べる直前に薬膳タレをかけていただく。

ローズヒップとハイビスカスのゼリー

ローズヒップはビタミンCの爆弾といわれ、美肌効果が高いハーブです。メロンやパイナップルはカラダの熱を冷まし、メロンは潤いを与えながら利尿作用もあります。

材料（2人分）

ローズヒップとハイビスカスの
ティーパック … 2袋
熱湯 … 400ml
アガー … 10g
砂糖 … 50g
水 … 100ml
メロン … 2cm角3個
パイナップル … 2cm角3個

作り方

1. 熱湯400mlにローズヒップのティーパックを入れ、蓋をして3分〜5分程蒸らし抽出する。
2. ボウルにアガーと砂糖を入れ、泡だて器でよく混ぜる。
3. 片手鍋に100mlの水を入れ、その中へ 2 をダマにならないようにかき混ぜながら少しずつ注ぎ入れる。
4. 火にかけてかき混ぜながら溶かし、軽く沸騰させて火を止める。1 の抽出液を加え混ぜる。
5. 寒天型に入れて冷やし固め、適当な大きさに切り分け、2cm角に切ったメロン、パイナップルと合わせて器に盛る。

トウモロコシのヒゲ茶

トウモロコシのヒゲを日干しにしたものを［玉米鬚］（ぎょくべいじゅ）または［南蛮毛］（なんばんもう）といい、身体のむくみや黄疸、尿の出が悪いとき、高血圧予防に効くとされます。

トウモロコシのヒゲ茶（ティーパック）を熱湯で抽出します。

ちょっと紹介　～症状別食材～

【 むくみの症状に 】

蕎麦・ハト麦・小豆・とうもろこし・大豆・黒豆・緑豆・エンドウ豆
そら豆・カボチャ・きゅうり・冬瓜・チンゲン菜・ネギ・モヤシ
スイカ・アサリ・スズキ・コイ・フナ・ドジョウ・昆布・ワカメなど

【 目の疲れに 】

ほうれん草・小松菜・ニンジン・パセリ・グリンアスパラ・青しそ・
梅・アンズ・ブルーベリー・桑の実・クコの実・キウイ・百合根
蓮根・菊花・鰻・鮑・シジミ・アサリ・牡蠣・レバーなど

【 イライラする人へ 】

レタス・菜の花・キャベツ・うど・青しそ・タマネギ・トマト
小松菜・セロリ・蓮根・グリンアスパラ・レモン・イチゴ・梅
クコの実・緑茶・海藻・鮑・シジミ・アサリ・蛤・牡蠣
レバー・小麦・小豆・梅干しなど

【 疲れやすい人へ 】

大豆・大豆製品・山芋・ニンニク・タマネギ・ニンジン・ニラ
春菊・小松菜・ほうれん草・ネギ・黒ゴマ・リンゴ・かんきつ類
白キクラゲ・梅干し・豚肉・鶏肉・牛肉・レバー・卵・鰻
スッポン・海老・牛乳・乳製品・クコの実・酢など

大島知美 先生

秋の潤い美肌薬膳

秋から冬にかけては乾燥した冷たい風が吹く時期です。
"燥邪"は肺を傷つけ、のどの渇きや痛み、肌や髪の乾燥、便秘などの
トラブルを引き起こしやすいです。
この時期の対策として、肺（＝皮膚）に潤いを与え、気力を高め、血液
を補い、身体を温めて寒い冬に負けない丈夫な身体を作りましょう。

menu
- 松の実・百合根・白キクラゲのお粥
- 鯛と卵のうま煮
- 胡麻と塩麹のキャベツサラダ
- 里芋のデザート
- 焙じはと麦・ヨクイニンの薬茶

薬膳にはカロリーという考え方はありません。

松の実・百合根・白キクラゲのお粥

松の実は身体を潤し、便秘に良いとされます。百合根は肺や気管を潤し、白キクラゲは潤いアップで美肌効果が謳われています。

材料（作りやすい分量）

うるち米 … 1カップ
水 … 3カップと1カップ
松の実 … 30g
百合根 … 1/2株（約50g）
白キクラゲ（乾）… 7g
塩少々

作り方

1. うるち米は水（分量外）で洗い、30分以上浸してザルにあげておく。
2. 百合根は1片ずつはがし、薄切りにする。白キクラゲは水でもどし、根を取り、小さくちぎる。
3. 水3カップと1の米をミキサーにかけてなめらかにして土鍋に入れ、2を加え、火にかけて沸騰したら弱火にし、かき混ぜながら5分ほど煮る。
4. 水1カップと、飾り用の松の実を取り除いた残りの松の実をミキサーにかけ、3に加え混ぜ、更にかき混ぜながら5分ほど煮る。
5. 塩少々で味を調え、器に盛り、松の実を飾る。

鰤（ぶり）と卵のうま煮

鰤は温性で気や血を補います。
うずらの卵と椎茸も、気を補います。

材料（2人分）

鰤（切り身）… 150g
うずらの卵 … 6個
生しいたけ … 4枚

A ┌ だし汁 … 100ml
　├ しょうゆ … 大さじ1
　├ みりん … 小さじ2
　└ 砂糖 … 小さじ2

塩少々、片栗粉、サラダ油、山椒の粉

作り方

1. うずらの卵は水からゆでて（沸騰後4分→冷水）殻をむく。しいたけは石づきを取り、半分に切る。
2. 鰤は一口大に切り、塩少々を振り、片栗粉を薄くまぶす。
3. テフロンのフライパンにサラダ油を熱し、2の鰤を入れて両面を焼き、取り出す。
4. フライパンの余分な油をふき取り、Aを合わせたものとしいたけ、うずらの卵を入れて火にかけ、煮汁が半分になるまで煮詰める。
5. 3の鰤を戻し入れ、煮汁をからめる。器に盛り、山椒の粉を振る。

胡麻と塩麹のキャベツサラダ

キャベツは胃の調子を整え、五臓を補います。塩麹などの発酵食品は腸の環境を良くし、白胡麻は通便、潤燥作用があります。

材料（2人分）

キャベツ … 80g

A
- 塩麹 … 小さじ1
- 白すり胡麻 … 大さじ1/2
- リンゴ酢 … 小さじ2
- 汐昆布（市販）… 大さじ1

作り方

1. キャベツは2cm角に切る。
2. ボウルにAの調味料を合わせ、1のキャベツと汐昆布を加え、よく混ぜあわせる。

里芋のデザート

里芋は消化促進、整腸作用もあります。ハチミツは肺（＝皮膚）を潤し、疲労回復によいでしょう。

材料（2人分）

- 里芋（皮つき）… 120g
- ハチミツ … 大さじ1
- ココナツミルク … 大さじ2
- ヨーグルト（無糖）… 100g
- オリゴ糖シロップ … 大さじ2
- フルーツ（イチゴ、ブルーベリー、キウイフルーツ、梨など）

作り方

1. 里芋は洗い、蒸気の上がった蒸し器で蒸し、やわらかくする。
   皮をむき、ココナツミルク、ハチミツと共にフードプロセッサーにかける。
2. 器にヨーグルトを入れ、1の里芋ペーストを浮かべ、カットフルーツを適量飾る。
3. 最後にオリゴ糖シロップをかける。

焙じはと麦・ヨクイニンの薬茶

ヨクイニンはハトムギの子実で、昔からイボ取りの民間薬として親しまれており、美肌効果が謳われています。

作り方

2リットルの水の中に、焙じはと麦、ヨクイニンをそれぞれ20gずつ入れ、弱火で40分煮出し、約1/2量になるまで煮詰める。
※ヨクイニンは妊婦には禁忌とされています。

平田芳浩先生

災害時のアイディア料理 パッククッキング

自然災害はいつ起こるか分かりません。「食」への備えは、被災生活を元気に健康に乗り切るために不可欠です。非常時の状況は様々ですが、そんな時に役立つ調理法の一つのアイディアとして、「パッククッキング」のレシピを紹介します。

menu

- ツナとトマトのカレー
- 切り干し大根とひじきの和風和え
- 蒸しパン2種

ちょっと紹介

【 パッククッキングについて 】

耐熱性のポリ袋に食材を入れ、そのまま湯煎で加熱して料理します。パッククッキングは煮物や和え物等、工夫次第で色々なものが作ることができます。シンプルで簡単なので、子供や料理に慣れていない方にもおすすめです！

【 パッククッキングのいいところ 】

- 調理が簡単。湯煎加熱用の水を再利用できる。
- 湯煎用の熱源とポリ袋、鍋と少ない調理器具で済む。
- 袋のまま、食べることができ、そのまま捨てられる。
- 1つの鍋で同時に複数の調理ができる。
- 袋に入ったまま調理するため、衛生的に調理できる。
- 色々なレシピに応用ができる。

ツナとトマトのカレー

栄養成分値（1人あたり）
- エネルギー 631 kcal
- たんぱく質 14.5g
- 脂質 15.2g
- 炭水化物 105.1g
- 食塩相当量 3.1g

材料（2人分）

- ツナ缶 … 1缶（70g 程度）
- ミネストローネ缶 … 1缶
- 水 … 300cc
- カレールー … 40g
- アルファ化米 … 2包

作り方

アルファ化米は、パッケージに記載通りお湯（水）を加えて戻す。

1. 耐熱袋に食材と調味料をすべて加え、袋を閉じる。
2. 30分程度湯煎で加熱する。
   途中で1回ほど中身を混ぜるとよい。

切り干し大根とひじきの和風和え

栄養成分値（1人あたり）

エネルギー	110kcal
たんぱく質	3.7g
脂質	3.8g
炭水化物	12.2g
食塩相当量	1.5g

材料（約3人分）

- 切り干し大根 … 30g
- 水 … 適量
- 戻しひじき缶 … 110g
- コーン缶 … 50g
- かつおぶし … 3g
- 練りごま … 大さじ1
- すりごま … 小さじ1/2
- しょうゆ … 大さじ1.5
- 酢 … 大さじ1.5
- 砂糖 … 大さじ1

＊上記の合わせ調味料は、市販の胡麻ドレッシングでも代用可

作り方

1. パックに切り干し大根と水を適量入れ15分ほど置いて戻す。
2. パック内の水を捨て、パックのまま切り干し大根を絞る。
3. その他の材料と調味料を袋に入れ、和える。

蒸しパン2種

栄養成分値（1人あたり）

エネルギー	433kcal
たんぱく質	8.0g
脂質	13.5g
炭水化物	66.7g
食塩相当量	0.7g

材料（約3人分）

【野菜とドライフルーツの蒸しパン】

- ホットケーキミックス … 100g
- 砂糖 … 15g
- 野菜ジュース … 100cc
- サラダ油 … 小さじ1
- ドライフルーツミックス … 30g

【チョコ蒸しパン】

- ホットケーキミックス … 100g
- ココアパウダー … 大さじ1
- チョコレート … 30g
- 牛乳 … 100cc
- サラダ油 … 小さじ1
- くるみ、アーモンド等 … 15g

作り方

1. 各材料を耐熱袋に入れ、よく揉み合わせる。
2. 20分程度、湯煎加熱する。途中で裏返すとよい。

フードサービス

春夏秋冬のおいしい給食

伊藤史子先生

春のピクニックランチメニュー

外でも食べられるようにキッチンペーパーで包みました。
パンには初めから塩分が含まれているので人参のラペの酸味を
うまく利用した減塩サンドイッチです。
ほかのメニューも塩分を少なくしても美味しく食べられるように
ポタージュスープや香辛料が効いたマリネを組みわせています。

栄養成分値（1人あたり）

エネルギー	749kcal
たんぱく質	27.6g
脂質	33.3g
炭水化物	78.6g
食塩相当量	2.9g

menu
- 桜鯛ムニエルのサンドイッチ
- グリンピースポタージュ
- 春キャベツのマリネ
- フルーツヨーグルト

桜鯛ムニエルのサンドイッチ

材料（2人分）

角切り食パン … 8枚切り4枚

- 鯛切り身 … 60g × 2切れ
- 白ワイン … 小さじ1/2
- 塩 … 一つまみ
- 胡椒 … 少々
- 小麦粉 … 小さじ1
- バター … 5g

菜花 … 40g

〈人参ラペ〉

人参 … 30g

- レモン汁 … 小さじ1強
- 塩 … 一つまみ
- 胡椒 … 少々
- オリーブ油 … 小さじ1

〈和風タルタルソース〉

- 卵 … 3/4個（40g）
- 柴漬け … 10g
- 玉ねぎ … 20g
- マヨネーズ … 大さじ2

オーブンペーパー … 50cmを2枚

- マヨネーズ … 大さじ1
- 練りからし … 小さじ1/2

作り方

1. 鯛は白ワインを振って臭みを消し、軽くキッチンペーパーで水気をふき取る。
   塩コショウをして小麦粉をふり、バターでソテーしておく。
2. 菜花は色が鮮やかになるまでゆでてから、冷水にとりしっかり水気を切っておく。
3. 人参は細目の千切りにしてボールに入れ、調味料を全て合わせてよく混ぜこんでおく。
4. 卵を固ゆで（沸騰してから10分）にし、みじん切りにする。
   玉ねぎはみじん切りにして水に晒してからしっかり水気を切っておく。柴漬けもみじん切りにする。
5. マヨネーズに卵、玉ねぎ、柴漬けを入れてよく混ぜておく。
6. からしマヨネーズを作っておく。
7. 食パンにからしマヨネーズを挟む側に塗り、菜の花、鯛のソテー、タルタルソース、人参を挟み
   オーブンペーパーで包んで、半分に切って盛る。

グリンピースポタージュ

材料（2人分）

グリンピース … 60g
玉ねぎ … 40g
バター … 小さじ1
小麦粉 … 小さじ1
牛乳 … 160g
固形コンソメ … 小さじ1/2

作り方

1. 玉ねぎはスライスにする。
2. 鍋にバターを溶かし玉ねぎを炒める。
   しんなりしたらグリンピースを入れて炒める。
3. バターになじんだら小麦粉を入れてしっかり炒める。
4. 牛乳を入れて弱火にして10分ほど煮込み、コンソメをいれて
   味を整える。
5. 常温に落としてからミキサーにかけて裏ごしにかける。

春キャベツのマリネ

材料（2人分）

春キャベツ … 40g
セロリ … 40g
ミニトマト … 2個
リンゴ酢 … 大さじ 1.5
はちみつ … 小さじ 2
キャラウエイシード … 少々

作り方

1. キャベツは太めの千切りにする。
   セロリは筋を取ってから縦にスライスする。
2. ミニトマトは半分に切る。
3. リンゴ酢にはちみつをしっかり溶かし、その中に
   キャベツとセロリを入れてよく和える。
4. 器に盛って、上からキャラウエイシードをかける。

フルーツヨーグルト

材料（2人分）

いちご … 60g
バナナ … 40g
ヨーグルト … 40g
砂糖 … 大さじ 1 強

作り方

1. ヨーグルトに砂糖をよく溶かしなじませておく。
2. イチゴとバナナは食べやすい大きさに切っておく。
3. 盛り合わせる。

フードサービスとは

**フードサービス実習は栄養士の就職先として多い
集団給食を目的とした授業です。**

「100人分」の食事を時間内に作り一定時間内にいかに美味しく提供すること
が出来るかを基準に献立を学生自身が考え、栄養計算、原価計算、発注まで
を教員のサポートのもとに行います。大量調理は普通に家庭手料理を作るの
とは手法も考え方も少し違います。そういった部分を学んで美味しく安全に
楽しく100人分の料理を作っています。

伊藤史子先生

初夏のさっぱり松花堂弁当

暑くなりかけの初夏は身体が気候に慣れておらず体調を崩しがちです。
そんな時はさっぱりとした口触りや酸味のある料理がいいでしょう。
茄子の肉詰めは温かくても冷やしても美味しく召し上がれます。

menu

- ワカメごはん
- 茄子の肉詰め焼き
- 擬制豆腐
- 彩野菜のゼリー寄せ
- クリームチーズムース

栄養成分値（1人あたり）

エネルギー	603kcal
たんぱく質	22.4g
脂質	20.9g
炭水化物	74.1g
食塩相当量	2.3g

ワカメごはん

材料（2人分）

白飯 … 300g
ワカメ … 30g（戻したもの）
塩 … 少々

作り方

1. 白飯を炊いておく。
2. ワカメを水で戻して食べやすい大きさにきり、さっと湯通しをしてしっかり水を切る。
3. 白飯にワカメと塩をよく混ぜる。

茄子の肉詰め焼き

材料（2人分）

茄子 … 中1本
片栗粉 … 少々
鶏ひき肉 … 120g
玉ねぎ … 40g
油 … 2g
塩 … 少々
胡椒 … 少々
卵黄 … 少々
みりん … 少々
オリーブ油 … 小さじ1
ポン酢 … 20g
サニーレタス … 10g
大根 … 20g

作り方

1. 茄子は縦半分に切り皮から5ミリほどの内側に切れ目を入れてボートのようにくり抜く。
2. 玉ねぎはみじん切りにして油で炒めておく。
3. くり抜いた中身をみじん切りにしておく。
4. 鶏ひき肉に塩、胡椒を入れしっかり練る。
5. ひき肉の中に玉ねぎと茄子をいれよく混ぜる。
6. 茄子の内側に片栗粉を薄く振り肉を詰め込む。
7. 卵黄にみりんを少し混ぜ肉の上にぬる。
8. オリーブ油をふりかけて200℃のオーブンで15〜20分焼く。
9. 食べやすいように切り、サニーレタスをひいて大根おろしとポン酢を添える。

擬制豆腐

材料（2人分）

木綿豆腐 … 60g
にんじん … 10g
ほうれん草 … 10g
乾燥きくらげ … 1g
卵 … 30g
出し汁 … 40g
醤油 … 小さじ 1/3
みりん … 小さじ 1/3
酒 … 小さじ 1/3
片栗粉 … 小さじ 1/4

作り方

1. 木綿豆腐は水切りをしっかりしておく。
2. にんじんは千切りにし、5分ほど茹でる。
3. ほうれん草はゆでて水で冷やし、にんじんの長さに合わせて切る。
4. きくらげは水でもどしてから、沸騰した鍋にいれてさっとゆでる。
5. 卵をしっかり溶きほぐして調味料を混ぜておく。
6. 豆腐をざるごしして材料を全部混ぜ、流し缶に入れて170℃のオーブンで15分～焼く。
7. 常温に冷やしてから切り分ける。

彩野菜のゼリー寄せ

材料（2人分）

オクラ … 15g
黄パプリカ … 15g
ミニトマト … 2個
出し汁 … 60g
白醤油 … 小さじ 1/3
みりん … 小さじ 1
ゼラチン … 1.8g

作り方

1. ゼラチンは水（分量外）で湿らせておく。
2. オクラは塩（分量外）で板摺をし、沸騰した湯にさっと入れ、色が変わったら氷水にとる。
3. パプリカは皮をむいてサイコロに切る。
4. ミニトマトは洗ってサイコロにきる。
5. オクラは輪切りにする。
6. 出し汁に調味料を入れ、沸騰したら火を止めて、ゼラチンを溶かし常温に冷ます。
7. プリン型に材料を入れ、ゼリー液を入れて冷蔵庫で冷やす。
8. 型から皿に外して盛る。

クリームチーズムース

材料（2人分）

クリームチーズ … 40g
プレーンヨーグルト … 80g
ゼラチン … 2.4g
砂糖 …10g
レモン汁 … 6ｇ
レモンの皮 … 少々
クッキー（飾り用）… 2個

作り方

1. ゼラチンは水（分量外）で湿らせておく。
2. クリームチーズは常温にしておき、ボールに入れてよく混ぜる。
3. レモンは皮をすりおろして飾りに取っておく。
4. ゼラチンを湯煎で溶かしておく。
5. 柔らかくなったチーズにヨーグルトを少しづつ混ぜる。
6. 砂糖、レモン汁、溶かしたゼラチンを混ぜ、器にもって固める。クッキーを飾りつける。

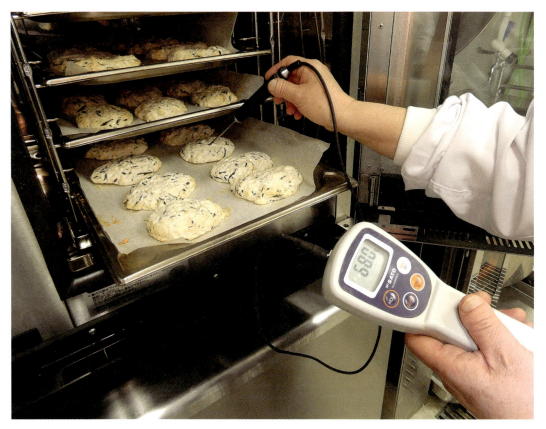

加熱調理では、中心温度をしっかり確認します。

伊藤史子先生

秋のほっこり定食

秋はいろいろな食材が美味しく実る季節です。季節の食材を温かい料理に仕上げてみました。不足しがちなカルシウムを脱脂粉乳を利用することで多く摂取できる献立です。

menu

・鮭ときのこの豆乳グラタン
・根菜トマトスープ
・水菜の柚子風味サラダ
・里芋ごはん
・スイートポテト

栄養成分値（1人あたり）

エネルギー　795kcal
たんぱく質　30.5g
脂質　　　　17.5g
炭水化物　　118.9g
食塩相当量　2.7g

鰺ときのこの豆乳グラタン

材料 （2人分）

鰺 … 80g（二切れ）
白ワイン … 小さじ1
塩 … 少々
黒コショウ … 少々
小麦粉 … 小さじ1
オリーブ油 … 小さじ1弱

玉ねぎ … 60g
しめじ … 20g
マッシュルーム … 20g
バター … 14g
小麦粉 … 大さじ1
豆乳 … 200g
コンソメ顆粒 … 小さじ2/3
合わせみそ … 小さじ1

生パセリ … 2枝

作り方

1. 鰺は白ワインを振って臭みをとる。水気を軽くふき、塩、胡椒をふってから小麦粉を全体に軽くまぶし余分な粉ははたいておく。
2. 玉ねぎとマッシュルームは薄切りにし、しめじはばらしておく。
3. パセリはみじん切りにして水にさらし、晒で絞っておく。
4. 豆乳にみそを溶かしておく。
5. 鰺をオリーブ油で両面しっかりと焼いておく。
6. 鍋にバターをとかし、玉ねぎを入れてしんなりするまで炒める。しめじとマッシュルームを加え全体になじむまで炒める。
7. きのこがバターになじんだら小麦粉を振り込み、焦がさないように火を加減しながらしっかり火を通す。
8. 鍋に白くつくようになったら、いったん火からおろして豆乳を加えてよく混ぜる。鍋の中と豆乳が混ざったら火にかけ、コンソメを加えてとろみがつくまでしっかり加熱する。
9. 耐熱の器に鰺を入れ、上から豆乳ソースを入れ、200℃のオーブンで10分焼く。パセリを上に飾る。

根菜トマトスープ

材料 （2人分）

大根 … 40g
にんじん … 20g
ごぼう … 20g
レンコン … 40g
トマト缶 … 100g
コンソメ顆粒 … 小さじ1
胡椒 … 少々
水 … 60g

作り方

1. 大根、にんじんは食べやすい大きさに切る。
2. ごぼうは斜めに切り水から入れ、下茹でしておく。
3. レンコンは皮をむいていちょう切りにする。
4. 鍋に水と大根、にんじん、ごぼう、レンコンをいれ火にかける。途中水気が少なくなってきたら足しながら野菜が柔らかくなるまで煮る。
5. 野菜が柔らかくなったらコンソメとトマト缶を入れ、全体がなじむまで煮る。仕上げに胡椒をふる。

水菜の柚子風味サラダ

材料（2人分）

水菜 … 30g
サニーレタス … 20g
赤パプリカ … 16g
黄パプリカ … 16g
柚子の皮 … 少々

柚子絞り汁 … 20g
オリーブ油 … 小さじ1と1/2
醤油 … 小さじ2/3

作り方

1. 水菜は洗ってしっかり水を切り、食べやすい長さに切る。
2. サニーレタスは洗って水を切り、ちぎっておく。
3. パプリカは縦に切る。
4. 柚子の皮を千切りにしておく。（量は好みで）
5. 柚子の汁を搾り、オリーブ油、醤油を混ぜる。
6. サニーレタスを下に敷いて、水菜とパプリカを盛り、柚子ドレッシングをかけ、柚子の皮を飾る。

里芋ごはん

材料（2人分）

精白米 … 160g
里芋 … 60g
酒 … 大さじ1
塩 … 少々
水 … 1カップ

作り方

1. 里芋は皮をむき、小さ目の一口にきって、水から3分ほどゆでてから水にさらしてぬめりをとる。
2. 米を研いで炊飯器に入れ、酒と水、塩を加えてよく混ぜてから上に里芋を置いて炊く。

スイートポテト

材料（2人分）

さつまいも … 100g
砂糖 … 10g
ラム酒 … 小さじ1/2
牛乳 … 20g
脱脂粉乳 … 10g

作り方

1. さつまいもは洗って表面が濡れた状態でキッチンペーパーにくるみ、その上からアルミホイルで包んで200℃のオーブンで30分〜焼く。
   竹串がスッと通ったらオーブンから出し、熱いうちに皮をむいて裏ごしする。
2. 1に砂糖、ラム酒、牛乳、脱脂粉乳を混ぜる。
3. 器に盛り、200℃のオーブンで軽く焦げ目がつくまで焼く。

伊藤史子 先生

冬はあったかカレーうどんランチ

麺類の場合、汁に塩分が多くラーメンなどは全部飲んでしまうと1杯で6gになってしまうこともあるので注意が必要です。
塩分を抑えるためには香辛料や酸味を利用するといいでしょう。
カレーうどんはとろみで麺に絡みやすく香辛料で減塩しやすい麺類です。
とろみがついているので、いつまでも温かく食べられます。

menu
・カレーうどん
・いろいろ田楽
・柿の甘酢和え
・ベリーベリーゼリー

栄養成分値（1人あたり）

エネルギー　614kcal
たんぱく質　25.5g
脂質　13.1g
炭水化物　87.0g
食塩相当量　3.0g

カレーうどん

材料（2人分）

うどん（茹で）… 200g
出し汁 … 120g
砂糖 … 大さじ1強
しょうゆ … 小さじ2弱
カレールー … ひとかけ
白ネギ … 40g
油揚げ … 2枚
豚ももスライス … 120g
葉ねぎ … 10g

作り方

1. 白ネギは斜めに切る。
2. 葉ねぎは小口に切って水にさらす。
3. 油揚げは食べやすい大きさに切る。ざるに上げ水気をしっかり切る。
4. 豚肉は食べやすい大きさに切っておく。
5. だしを鍋で沸かし豚肉と白ネギ、油揚げを入れて煮る。肉に火が入ったら砂糖、しょうゆを入れ、いったん火を止めてカレールーを入れて溶かす。カレールーが溶けたら再度加熱してよくかき混ぜながらルーのとろみを出す。
6. うどんをゆで、流水にとって冷まし、器に盛る。冷たいうどんに熱いカレーだしをかけ、天に葉ねぎを盛る。

いろいろ田楽

材料（2人分）

レンコン … 40g
木綿豆腐 … 60g
じゃがいも … 80g
こんにゃく … 40g
にんじん … 40g
赤味噌 … 8g
砂糖 … 20g
酒 … 20g
すりごま … 小さじ2/3
練りからし … 少々

作り方

1. 鍋にみそ、砂糖、酒を入れよく合わせてから火にかけ、ふつふつとわいたら火を止めておく。
2. レンコンは皮をむいて輪切りにする。
3. 豆腐は食べやすい大きさに切る。
4. こんにゃくは手綱にし、にんじんは乱切りにする。
5. じゃがいもは皮をむいて大きめの一口大に切る。
6. 材料はそれぞれ鍋でゆで、火を通しておく。
7. 器に盛り、みそをかけて胡麻をふる。
8. からしをそえる。

柿の甘酢和え

材料（2人分）

大根 … 60g
きゅうり … 20g
干し柿 … 20g
きくらげ … 4g
酢 … 10g
砂糖 … 6g

作り方

1. 大根は皮をむいて千切りにする。
2. きゅうりは大根に合わせて切る。
3. きくらげは水でもどして千切りにし、沸騰した鍋でさっとゆでる。
4. 干し柿は種をぬき千切りにする。
5. 材料と調味料をよく和えて、10分ほどなじませてから器にもる。

ベリーベリーゼリー

材料（2人分）

ミックスベリー（冷凍）… 30g
牛乳 … 120g
砂糖 … 12g
キルシュワッサー … 少々
ゼラチン … 1g
ミント … 2枝

作り方

1. ゼラチンは水でもどしておく。
2. 牛乳を火にかけ60℃位になったら砂糖とゼラチンを溶かす。しっかり溶けたらキルシュワッサーを入れ火を止めてよくかき回す。
3. 器にミックスベリーを入れておき、牛乳液を注ぎ込む。
4. 冷蔵庫で冷やし固めミントを飾る。

大量調理の盛りつけは、スピーディーに均等に行います。

> その他
> 栄養学実習

松原恵子先生

幼児期の献立　その①

幼児期は、発育が盛んな時期ですが、消化機能が未熟であり、また、食欲のムラや食べ物の好き嫌いが出てきます。
無理強いせずに色々な食品を用いて、調理法を工夫し、楽しく食べられるようにすることが大切です。
ミニトマトのへたをとったり、さやえんどうの筋をとったり、一緒に簡単な調理をしてみるのもいいですね。そして味付けは、薄味を心がけましょう。
乳製品や大豆製品と一緒にたっぷり野菜で丈夫な体を作りましょう。

menu
・チーズチキンサンド
・豆乳コーンスープ
・オレンジ

栄養成分値
（1人あたり）

エネルギー　304kcal
たんぱく質　13.6g
脂質　8.5g
炭水化物　44.4g
食塩相当量　1.3g

チーズチキンサンド

栄養成分値（1人あたり）
エネルギー 206kcal
たんぱく質 11.1g
脂質 6.4g
炭水化物 25.6g
食塩相当量 1.0g

材料（2人分）

- 食パン … 100g
- ささ身 … 30g
- スライスチーズ … 1・1/2枚
- キャベツ … 20g
- 黄ピーマン … 10g
- 油 … 2g
- ケチャップ … 8g

作り方

1. ささ身の筋をとり、鍋に入れてひたひたの水を加えてゆでる。火が通ったらそのまま茹で汁ごと冷やす。
2. ささ身がさめたら水気をとり細く裂く。（ゆで汁を豆乳コーンスープに使う）
3. キャベツは千切り、黄ピーマンは種をとって薄い千切りにする。
4. フライパンに油を熱して、2、3をさっと炒め、ケチャップを加えて味を調える。
5. 食パンに4とチーズをはさむ。

豆乳コーンスープ

栄養成分値（1人あたり）
エネルギー 80kcal
たんぱく質 2.1g
脂質 2.1g
炭水化物 14.1g
食塩相当量 0.3g

材料（2人分）

- クリームコーン … 20g
- 玉ねぎ … 60g
- じゃがいも … 50g
- 人参 … 10g
- ホールコーン … 20g
- 油 … 2g
- スープストック … 2g
- 豆乳 … 50g
- 塩こしょう … 0.2g
- 米粉 … 4g
- ささ身のゆで汁 … 130ml
- パセリ … 0.8g

作り方

1. 玉ねぎ、じゃがいも、にんじんは、1cm角程度のサイコロ形に、パセリはみじん切りにする。
2. 鍋に油を熱して、玉ねぎをよく炒める。
3. 2に、人参とじゃがいもを加え、さっと炒めたらささ身のゆで汁を加えて煮る。
4. 3が煮立ってきたら、アクを丁寧にとり、クリームコーン、ホールコーン、スープストックを加えて煮る。
5. 4に豆乳を加え弱火で煮る。
6. 米粉を水で溶き、5に加えて混ぜ、パセリをちらす。

オレンジ

- オレンジ … 80g

オレンジは食べやすい大きさに切る。

松原恵子先生

幼児期の献立 その②

子ども達の苦手な魚や海藻をおいしく食べましょう。

menu

- 鮭そぼろ丼
- 大根の味噌汁
- ひじきの卵とじ
- キウィフルーツ

栄養成分値
（1人あたり）

エネルギー　328kcal
たんぱく質　13g
脂質　7.4g
炭水化物　51.1g
食塩相当量　1.2g

鮭そぼろ丼

栄養成分値（1人あたり）

エネルギー	232kcal
たんぱく質	8.1g
脂質	3.6g
炭水化物	39.7g
食塩相当量	0.5g

材料（2人分）

精白米 … 100g
鮭切り身 … 40g
酒 … 2g
油 … 1g
ほうれん草 … 40g
醤油 … 0.8g
白ごま … 1g

作り方

1. ご飯を炊く。
2. 鮭は、グリルか電子レンジ等で加熱する。加熱した鮭の皮と骨を取り除き、鍋に入れて酒を加え、細かくほぐしながら加熱する。
3. ほうれん草はゆでて水に取り、冷やしてから、しっかり水けをとって細かく切る。
4. 3を醤油と白ごまであえる。
5. 炊けたごはんに2と4をのせる。

大根の味噌汁

栄養成分値（1人あたり）

エネルギー	28kcal
たんぱく質	1.5g
脂質	1.6g
炭水化物	1.8g
食塩相当量	0.4g

材料（2人分）

大根 … 30g
油揚げ … 8g
葱 … 10g
煮干し … 5～10g
みそ … 7g
水 … 200ml

作り方

1. 煮干しは、頭とはらわたを除き、縦2つに裂く。鍋に分量の水を入れ30分ほどつけて、うま味を引き出す。
2. 大根は2cmくらいの短冊切り、油揚げと葱は小口切りにする。油揚げは熱湯をかけて油抜きをする。
3. 1を中火にかけ、沸騰したら弱火にしてアクをとり、2～3分煮て火を止める。ざるでこして煮干しを除く。（煮干しを食べることができればそのまま残す。煮干しを食べることで、カルシウムをとることができる。）
4. 3に大根と油揚げを入れて中火で煮る。
5. 大根が煮えたら、煮汁で溶いた味噌を加えて弱火で煮る。
6. 5に葱を加え火を止める。

ひじきの卵とじ

栄養成分値（1人あたり）

エネルギー	44kcal
たんぱく質	3.0g
脂質	2.1g
炭水化物	3.6g
食塩相当量	0.3g

材料（2人分）

ひじき … 2g
人参 … 10g
さやえんどう … 10g
たまねぎ … 20g
卵 … 40g
だし汁 … 60g
砂糖 … 2g
しょうゆ … 3g

作り方

1. ひじきは、きれいに洗いもどしておく。
2. 人参は2cmの千切り、たまねぎは薄切りにする。さやえんどうは筋をとって細く斜め切りにする。
3. 卵は割りほぐしておく。
4. 鍋にだし汁と調味料を入れ、1と2を加えて煮る。
5. 4を溶き卵でとじる。
   ※だし汁は、水80ml、けずりかつお1～2gでかつおぶしのだしをとるか、湯60ccに和風だし小さじ1/4杯を加える。

キウィフルーツ

キウィフルーツ … 80g
キウィフルーツは食べやすい大きさに切る。

> その他
> アレルギー対応

道家 梓 先生

食物アレルギー対応食

小麦・乳・卵アレルギーの方は食べられなかったあの料理を再現してみました。アレルギー対応用の食品として様々な食品も販売されるようになってきましたが自宅でだって作れます！"楽しく作って楽しく食べる"をいつだって大切に。
※小麦粉の代わりに使われることが多い米粉は製菓用、製パン用など用途に合わせた加工がされています。料理に合わせたものを選ぶのが良いでしょう。

食品表示基準により定められた食物アレルギー表示の対象となるアレルゲン一覧（令和6年4月現在）

特定原材料（8品目）　※義務表示

| えび | かに | くるみ | 小麦 | そば | 卵 | 乳 | 落花生 |

特定原材料に準ずるもの（20品目）※推奨表示

アーモンド・あわび・いか・いくら・オレンジ・カシューナッツ・キウイフルーツ・牛肉・ごま・さけ・さば・大豆・鶏肉・バナナ・豚肉・マカダミアナッツ・もも・やまいも・りんご・ゼラチン

- 小麦不使用！ もっちりつるっとうどん
- 乳不使用！ 三者三様アイス
  （トロピカルアイス・アーモンドチョコ風アイス・ストロベリーチーズケーキ風アイス）
- 卵不使用！ なんちゃってとろとろ卵のトマトソースオムライス
- 小麦・卵・乳不使用！ かぼちゃのニョッキクリームソース

＼ 小麦不使用！もっちりつるっとうどん ／

栄養成分値（1人あたり）

エネルギー　230kcal
たんぱく質　5.7g
脂質　1.7g
炭水化物　48.2g
食塩相当量　0.5g
アレルギー物質（28品目中）：なし

材料（2人分）

A ┌ ホワイトソルガム（白高きび粉）… 100g
　├ タピオカスターチ … 30g
　└ 塩 … 1g

熱湯 … 100g

作り方

1. Aをボウルに入れて混ぜる。
2. 熱湯を加え耳たぶくらいの硬さになるまでこねる。（やけどに注意）
3. 厚さ3mm、幅20cm（うどん1本の長さ）になるように薄く延ばす。
4. 幅3mm程度に包丁で切る。
5. 静かに沸いたお湯に1本ずつ入れてゆでる。（激しく沸いたお湯に入れるとうどんが細かく切れるので注意）
6. 浮き上がってきたら氷水に入れて締める。
7. お好みのトッピングや味付けで召し上がれ。

その他　｜　アレルギー対応　｜　食物アレルギー対応食　｜　道家 梓 先生

＼乳不使用！三者三様アイス／
トロピカルアイス

栄養成分値（1人あたり）

エネルギー　238kcal
たんぱく質　2.1g
脂質　　　　16.0g
炭水化物　　23.2g
食塩相当量　0.0g
アレルギー物質（28品目中）：なし
※ナッツ類のアレルギーがある方は医師の指導に従ってください

材料（2人分）

ココナッツミルク … 200g

A ┌ きび砂糖 … 30g
　└ コーンスターチ … 5g

パイナップル … 50g

作り方

1. 鍋にAを入れて混ぜる。
2. ココナッツミルクを加え、火にかける。
3. 焦がさないようにとろみがつくまでしっかり加熱する。
4. バットに出し、冷凍庫に入れる。
5. 完全に凍る前に取り出し、かき混ぜる。（2～3回くり返す）
6. なめらかなアイスができたら5mm程度のダイスカットしたパイナップルを混ぜて器に盛り付ける。

＼乳不使用！三者三様アイス／
アーモンドチョコ風アイス

栄養成分値（1人あたり）

エネルギー　112kcal
たんぱく質　1.5g
脂質　　　　3.4g
炭水化物　　20.5g
食塩相当量　0.2g
アレルギー物質（28品目中）：アーモンド

材料（2人分）

アーモンドミルク（砂糖不使用）
　　… 200ml

A ┌ きび砂糖 … 30g
　│ コーンスターチ … 5g
　└ カカオパウダー … 5g

アーモンド … 5粒

作り方

1. 鍋にAを入れて混ぜる。
2. アーモンドミルクを加え、火にかける。
3. 焦がさないようにとろみがつくまでしっかり加熱する。
4. バットに出し、冷蔵庫に入れる。
5. 完全に凍る前に取り出し、かき混ぜる。（2～3回くり返す）
6. アイスを盛り付けたら上から砕いたアーモンドを振りかける。

乳不使用！三者三様アイス
ストロベリーチーズケーキ風アイス

栄養成分値（1人あたり）

エネルギー	195 kcal
たんぱく質	3.7 g
脂質	6.3 g
炭水化物	31.8 g
食塩相当量	0.3 g

アレルギー物質（28品目中）：大豆

材料（2人分）

【チーズケーキ風アイス】

調整豆乳 … 200ml

A
- きび砂糖 … 20g
- 塩 … 0.4g
- コーンスターチ … 5g
- レモン果汁 … 8g

いちごジャム … 25g

【クランブル】

米粉（製菓用） … 10g
きび砂糖 … 5g

B
- 米油 … 5g
- 水 … 1g

作り方

【チーズケーキ風アイス】

1. 鍋に A を入れて混ぜる。
2. 調整豆乳を加え、火にかける。
3. 焦がさないようにとろみがつくまでしっかり加熱する。
4. 火を止めたらレモン果汁を加えて混ぜる。
5. バットに出し、冷凍庫に入れる。
6. 完全に凍る前に取り出し、かき混ぜる。（2〜3回くり返す）
7. なめらかになったらいちごジャムを数か所に分けて落とし、りぼん状になるように軽く混ぜる。
8. クランブルを入れて、器に盛り付ける。

【クランブル】

1. 混ぜておいた B に米粉ときび砂糖を加えて混ぜる。
2. そぼろ状にしてオーブンシートにのせ、180度に予熱したオーブンで10分程度焼いて冷ます。

その他 | アレルギー対応 | 食物アレルギー対応食 | 道家 梓 先生

卵不使用！なんちゃってとろとろ卵のトマトソースオムライス

栄養成分値（1人あたり）

エネルギー　696kcal
たんぱく質　15.1g
脂質　25.5g
炭水化物　108.4g
食塩相当量　2.1g
アレルギー物質（28品目中）：大豆、鶏肉

材料（2人分）

【 チキンライス 】

鶏モモ肉 … 40g
玉ねぎ … 40g
人参 … 20g
ピーマン … 1/2個
サラダ油 … 小さじ2
ケチャップ … 大さじ2
ごはん … 320g
塩 … 0.8g
こしょう … 少々

【 トマトソース 】

にんにく … 2g
オリーブオイル … 小さじ2
ダイスカットトマト缶 … 60g
ケチャップ … 大さじ1
みりん … 15g
塩 … 0.5g

【 なんちゃってとろとろ卵 】

A ┌ クリームコーン … 180g
　│ 白いんげん豆の水煮 … 80g
　│ 無調整豆乳 … 160g
　│ 水 … 40g
　└ 米粉 … 8g

サラダ油 … 小さじ2

パセリ　適量

作り方

【 チキンライス 】

1. 鶏モモ肉を小さく切る。
2. 玉ねぎ、人参、ピーマンを5mmサイズ位に切る。
3. サラダ油を熱したフライパンに1と2を入れて炒める。
4. 火が通ったらケチャップを入れて炒める。
5. ご飯を入れて白い部分がなくなるまで混ぜる。
6. 塩、こしょうで味を調え、皿に盛り付ける。

【 トマトソース 】

1. フライパンにみじん切りにしたにんにくとオリーブオイルをいれて加熱する。
2. オリーブオイルににんにくの香りが移ったら残りの全ての材料を入れてさっと炒める。

【 なんちゃってとろとろ卵 】

1. Aを全てミキサー（又はブレンダー）に入れてなめらかになるまで混ぜる。
2. フライパンに油を熱し、1人分の1を流し入れ、加熱する。
3. とろとろになったら火を止めてチキンライスの上にかける。
4. 3の上にトマトソースをかけ、みじん切りにしたパセリを散らす。

※クリームコーンには特定原材料等が含まれている商品もあるので注意して選びましょう。

小麦・卵・乳不使用！かぼちゃのニョッキのクリームソース

栄養成分値（1人あたり）

エネルギー　227kcal
たんぱく質　6.1g
脂質　6.8g
炭水化物　39.4g
食塩相当量　0.8g
アレルギー物質（28品目中）：豚肉

材料（2人分）

【ニョッキ】

かぼちゃ（皮なし）… 140g
米粉（製菓用）… 40g
塩 … 0.5g
水 … 適量
（かぼちゃの水分がなく、まとまらない場合はまとまる程度加える）

【ソース】

玉ねぎ（小）… 1/2個
マッシュルーム … 2個
パンチェッタ[※1] … 20g
オリーブオイル … 小さじ2
米粉 … 2g
オーツミルク[※2] … 100ml
塩 … 0.4g
白こしょう … 適量
パセリ … 適量

作り方

【ニョッキ】

1. 皮をむいたかぼちゃを電子レンジで加熱し、つぶす。
2. 米粉と塩を加え、なじむまでよくこねる。
3. 打ち粉（米粉）をして2cm程度の太さの棒状に優しく伸ばす。
4. 1cm程度の厚さに切る。
5. 切り口をフォークで軽くつぶし、静かに沸いたお湯でゆでる。
6. 浮き上がってきたら湯切りして器に盛り付ける。
7. ソースをかけてみじん切りにしたパセリを散らす。

【ソース】

1. 鍋にオリーブオイルを熱し、粗みじん切りした玉ねぎ、マッシュルーム、パンチェッタを焦がさないように炒める。
2. 玉ねぎがしんなりしたら米粉を加えてなじませる。
3. 米粉がなじんだらオーツミルクを加え、とろみがつくまで煮て塩こしょうで味を調える。

※1．パンチェッタ
　豚肉の塩漬け。ベーコンでも代用できますが、加工肉には特定原材料が含まれている場合もあるので注意して選びましょう。

※2．オーツミルク
　オーツ麦（燕麦）から作られた植物性のミルク。
　食物繊維豊富であっさりとした味わいが特徴。
　小麦とは異なりますが医師の指導に従ってご使用ください。

> その他
> 病態別レシピ

服部佳子先生

糖尿病食

① 栄養バランス（炭水化物 55.0％、脂質 26.1％、たんぱく質 18.9％）を整え、急激な血糖値の上昇を抑える工夫をしています。
② 1食で1日の必要野菜量の1/3量、食物繊維1/2量を取ることができ、腸内環境改善と血糖値低下の効果を確保しています。
③ 白米を雑穀米にすることで糖代謝に必要なビタミン、ミネラルも自然とUPしています。
④ キノコなどの噛み応えのある食材を使用することで満腹感を得ることができます。
⑤ デザートは野菜や生の果物、オリゴ糖を使用することで血糖値の急激な上昇を穏やかにしています。
⑥ 糖尿病の合併症予防にむけて減塩を意識。食塩の含有量はすべて食べても1.5gです。

栄養成分値（1人あたり）
エネルギー　690kcal
たんぱく質　32.9g
脂質　20.3g
炭水化物　92.9g
食塩相当量　1.7g
食物繊維　10.1g

menu
・鮭のサッパリ食べ
・キノコの煮物ごま風味
・ブロッコリーの潮汁
・さつまいもきんとん
・雑穀米

鮭のサッパリ食べ

栄養成分値（1人あたり）

エネルギー　247 kcal
たんぱく質　17.0 g
脂質　16.9 g
炭水化物　4.2 g
食塩相当量　0.3 g

材料（1人分）

鮭の切り身 … 1切れ（80g）
塩 … 0.2 g
サラダ油 … 3 g
もやし … 40 g
白ねぎ … 10 g
大葉 … 2 g
穀物酢 … 6 g
砂糖 … 2 g
ごま油 … 1 g

作り方

1. 鮭は塩をふりしばらく置いておく。水気が出てきたらペーパータオルでふき取る。
2. 白ねぎは細切り、大葉は千切りにする。
3. 鍋にお湯を沸かし、沸騰したらもやし、白ねぎを入れる。1～2分程度茹でたらざるにあげ、水気を絞る。
4. 穀物酢、砂糖、ごま油、2、3 を混ぜ合わせてる。
5. 3 と大葉を 4 であえる。
6. フライパンにサラダ油を敷き、1 に焦げ目がつく程度焼く。
7. 皿に 6 の鮭を盛りつけ、5 の添え物を飾る。

キノコの煮物ごま風味

栄養成分値（1人あたり）

エネルギー　34 kcal
たんぱく質　2.0 g
脂質　0.7 g
炭水化物　5.7 g
食塩相当量　0.4 g

材料（1人分）

えのきたけ … 25 g
しめじ … 20 g
しいたけ … 10 g
しょうゆ … 2.5 g
清酒 … 4 g
みりん … 2 g
和風顆粒だし … 1 g
水 … 75 g
すりごま … 1 g
さやえんどう … 3 g

作り方

1. キノコ類は軸を切り、えのきたけは2等分に切り、ほぐす。しいたけは薄切りの6等分に切り、しめじはほぐしておく。
2. さやえんどうは筋を取り、茹でる。1分程度茹でたら水気を切り、斜め千切りにする。
3. 鍋にしょうゆ、清酒、みりん、顆粒だし、水を入れて混ぜ、中火で 1 のキノコを入れる。
4. 時々かき混ぜ、キノコから水分が出てきてトロトロしてくるまで火にかける。
5. キノコに味が馴染み、水分が少なくなるまで加熱する。
6. 器に 6 を盛り付けすりごま、2 を載せる。

その他　｜　病態別レシピ　｜　糖尿病食　｜　服部佳子 先生　　75

ブロッコリーの潮汁

栄養成分値（1人あたり）

エネルギー	35kcal
たんぱく質	3.1g
脂質	0.4g
炭水化物	5.0g
食塩相当量	0.9g

材料（1人分）

- ブロッコリー … 30g
- あさり（殻付き）… 20g
- 和風減塩だし顆粒だし … 1g
- 水 … 120g
- 白みそ … 8g

作り方

1. ブロッコリーはしっかり洗い、小房ごとに切り分ける。あさりは塩抜きをしてからしっかり水洗いする。
2. 鍋にだしを沸かし、沸騰したら1を入れ2分程度茹でる。（あさりの口が開くまで）
3. 白みそを加える。

さつまいもきんとん

栄養成分値（1人あたり）

エネルギー	92kcal
たんぱく質	0.5g
脂質	0.3g
炭水化物	22.1g
食塩相当量	0.1g

材料（1人分）

- さつまいも … 50g
- カットパイナップル … 15g
- オリゴ糖 … 5g
- 塩 … 0.1g

作り方

1. さつまいもは皮をむき、1.5cm角に切り、30分ほど水にさらす。パイナップルはみじん切りにする。
2. 鍋に1をいれ、ひたひたの水を加え、水分がほぼなくなるまで弱火で加熱する。
3. ボウルに移し、マッシャーでつぶしたら、オリゴ糖を加える。
4. 鍋に戻し、中火にかけながら水分を飛ばす（ねっとりするまで）。
5. 一口大に分け、布巾で絞り形を作る。

雑穀米

1人分 … 170g

服部佳子先生

減塩食

① 香味調味料や香味野菜の風味を生かし、1食に含まれる食塩は 2.0g 未満にしています。
② 野菜や果物、長芋に含まれるカリウムでナトリウムの排泄を促進して血圧を下げる効果を UP しています。
③ 減塩味噌や減塩醤油に変えることで普通の醤油の 50％程度塩分をカットしています。
④ 血管を若返らせる栄養素の乳製品のカルシウムや納豆のマグネシウムを加えています。
⑤ 汁物は具だくさんにして汁を少なくすることで減塩につなげています。

menu
- 和風タンドリーチキン
- 沢煮椀
- 雑穀米
- 長いもの納豆和え
- キャベツの甘酢漬け
- 焼きバナナ

栄養成分値（1人あたり）

エネルギー	682 kcal
たんぱく質	32.0 g
脂質	19.0 g
炭水化物	95.7 g
食塩相当量	1.7 g
カリウム	1586 mg
マグネシウム	160 mg

和風タンドリーチキン

栄養成分値（1人あたり）

エネルギー	192kcal
たんぱく質	10.1g
脂質	12.0g
炭水化物	43g
食塩相当量	0.6g

材料（1人分）

- 鶏もも肉 … 80g
- カレー粉 … 2g
- 無糖ヨーグルト … 12g
- 減塩しょうゆ … 3g
- ケチャップ … 5g
- おろしにんにく … 1g
- おろししょうが … 1g
- レタス … 10g
- トマト … 20g
- レモン … 15g

作り方

1. 鶏もも肉は皮目にフォークで穴をあけ、一口大に切る。
2. ボウルに1と調味料を加えて揉み込み、冷蔵庫で30分寝かせる。
3. 天板にクッキングシートを敷き、2の鶏肉を並べる。220℃に予熱したオーブンでこんがりと焼き色が付き、肉に火が通るまで15〜20分ほど焼く。
4. レタスは食べやすい大きさに切り、トマトとレモンはくし切りにて3を盛りつける。

沢煮椀

栄養成分値（1人あたり）

エネルギー	29kcal
たんぱく質	1.0g
脂質	0.0g
炭水化物	6.1g
食塩相当量	0.3g

材料（1人分）

- ごぼう … 15g
- 大根 … 15g
- にんじん … 10g
- たけのこ（水煮）… 10g
- 減塩しょうゆ … 3g
- 和風顆粒だし … 2g
- 水 … 120ml
- 青ねぎ … 2.5g
- みょうが … 2.5g

作り方

1. ごぼうはよく洗い、4cm長さの千切りにする。水に漬けてアクを取り、水気をきる。
2. 大根、にんじんは皮をむき、4cm長さの千切りにする。
3. たけのこは4cm長さの千切りにする。
4. ねぎは小口切り、みょうがは針切りにする。
5. 鍋に水、減塩しょうゆ、顆粒だしと1〜3を入れ、火にかける。
6. アクを取り、火を弱め軟らかくなるまでひと煮立ちさせる。
7. 6を椀に盛り、4を散らす。

雑穀米

1人分 … 170g

長いもの納豆和え

栄養成分値（1人あたり）
エネルギー　68 kcal
たんぱく質　4.3 g
脂質　2.1 g
炭水化物　8.3 g
食塩相当量　0.2 g

材料（1人分）

納豆 … 20 g
長いも … 40 g
減塩しょうゆ … 3 g

作り方

1. 長いもは皮をむき、4〜5cm長さ、1cm幅くらいの短冊切りにする。
2. 納豆と1、減塩しょうゆで和える。

キャベツの甘酢漬け

栄養成分値（1人あたり）
エネルギー　29 kcal
たんぱく質　1.5 g
脂質　0.1 g
炭水化物　6.5 g
食塩相当量　0.6 g

材料（1人分）

紫キャベツ … 70 g
塩 … 0.5 g
減塩しょうゆ … 2 g
穀物酢 … 5 g
砂糖 … 1.5 g

作り方

1. 紫キャベツは硬いところを除き、一口大にざく切りにする。
2. ビニール袋に1と塩を入れて水分が出てくるまで3〜5分程度もみこむ。出てきた水分を捨てる。
3. 調味料であえ、冷やす。

焼きバナナ

栄養成分値（1人あたり）
エネルギー　78 kcal
たんぱく質　0.6 g
脂質　2.6 g
炭水化物　14.3 g
食塩相当量　0.0 g

材料（1人分）

バナナ … 50 g
バター … 3 g
砂糖 … 3 g

作り方

1. バナナを皮付きのまま2cmの輪切りにする。
2. フライパンにバターを溶かし、1に両面焼き色を付ける。
3. 砂糖をふりかけ焦がすように（キャラメル色）焼き付ける。

その他 | 病態別レシピ | 減塩食 | 服部佳子 先生

服部佳子先生

糖尿腎症

① 低たんぱく米を使用することで主菜のたんぱく量を増やしています。
② 主菜のみにたんぱく源を使用し、たんぱく質の摂りすぎを防ぎながらも食事の満足感が得られるようにしています。
③ 香味食品を使用することで塩分をカットしています。
④ 野菜は水にさらし、カリウムを減らしています。
⑤ 低たんぱく米を使用することで主菜のたんぱく量を増やしています。

menu

・ちぎり厚揚げと豚肉の和風炒め
・焼き野菜のお浸し
・大根とこんにゃくの味噌かけ
・低たんぱく米

栄養成分値（1人あたり）

エネルギー	649kcal
たんぱく質	13.3g
脂質	25.5g
炭水化物	89.0g
食塩相当量	1.5g
カリウム	680mg
リン	197mg

ちぎり厚揚げと豚肉の和風炒め

栄養成分値（1人あたり）

エネルギー　195 kcal
たんぱく質　9.8 g
脂質　　　　14.3 g
炭水化物　　5.2 g
食塩相当量　0.4 g

材料（1人分）

厚揚げ … 40g
豚肩ローススライス … 30g
片栗粉 … 2g
ねぎ … 15g
ごま油 … 4g
減塩しょうゆ … 5g
本みりん … 3g
おろししょうが … 1.5g

作り方

1. 厚揚げは熱湯をかけて油抜きをし、一口大にちぎる。
2. 豚肉は2〜3cm幅に切り、片栗粉をまぶす。
3. ねぎは大きめの斜め切りにする。
4. フライパンにごま油を敷き、2の豚肉を強火で炒める。脂が出てきたら厚揚げ、ねぎを加え強火で炒める。
5. しょうゆ、本みりん、おろししょうがを加え炒め合わせる。

焼き野菜のお浸し

栄養成分値（1人あたり）
エネルギー　143kcal
たんぱく質　1.6g
脂質　10.1g
炭水化物　10.2g
食塩相当量　0.7g

材料（1人分）

かぼちゃ … 30g
なす … 30g
ズッキーニ … 20g
サラダ油 … 10g
しょうゆ … 5g
料理酒 … 2g
本みりん … 2g
和風顆粒だし … 0.5g
水 … 35g
みょうが … 5g

作り方

1. かぼちゃは4～5cm長さ、1cm厚さに切る。
2. なすは皮面に格子状に切り込みを入れ、乱切りする。ラップをしてレンジで2分ほど加熱する（500W）。ズッキーニは1cm厚さの輪切りにする。
3. 1、2は水にさらし、ペーパータオルで水気を取る。
4. みょうがは針切りにする。
5. フライパンにサラダ油を敷き、3を並べ両面に焦げ目がつくまで焼く。
6. ホウルに調味料を加え、5を浸す。
7. 器に6を盛り付け、4を載せる。

大根とこんにゃくの味噌かけ

栄養成分値（1人あたり）
エネルギー　53kcal
たんぱく質　1.1g
脂質　0.5g
炭水化物　11.0g
食塩相当量　0.4g

材料（1人分）

こんにゃく … 40g
だいこん … 70g
減塩赤みそ … 6g
砂糖 … 4g
本みりん … 4g
きざみゆず（乾燥）適量

作り方

1. 大根は皮をむき、2cm厚さの半月切りにして面取りをする。
2. こんにゃくは一口大の三角形に切る。
3. 鍋に1と水を入れて火にかける。沸騰したら2を加え、大根に火が通るまで茹でる。
4. 別鍋に調味料を加え、木杓子でよく混ぜて中火にかける。焦げないように絶えず混ぜ、トロッとするまで火にかける。
5. 3を器に盛り、4をかけ、きざみゆずを飾る。

低たんぱく米　　1人分 … 150g

服部佳子先生

脂質異常症

① 魚を主菜にすることでn-3系多価不飽和脂肪酸を増やし、中性脂肪の改善をしやすくしています。

② 緑黄色野菜の摂取量を増やし、コレステロールの排泄を促進し、抗酸化作用もGetしています。

③ 飽和脂肪酸の多い乳製品を豆乳にチェンジし、コレステロールの増加を防いでいます。

④ 洋食でも、1食に含まれる飽和脂肪酸を少なく、コレステロールを上げないよう調理法を工夫しています。

⑤ 使用する油は植物性を使用、サラダには簡単に手作りできる、えごまドレッシングで脂質代謝をしやすくしています。

⑥ 生のフルーツでビタミンC、Eを追加し、過酸化脂質の増加を防ぎ、動脈硬化の抑制につなげています。

栄養成分値（1人あたり）

エネルギー	637kcal
たんぱく質	32.2g
脂質	12.4g
炭水化物	94.6g
食塩相当量	1.3g
食物繊維	10.4mg
コレステロール	53mg
飽和脂肪酸	1.49g (2.1%)
ビタミンC	91mg

menu
- たらの蒸し煮・白ワインソース
- じゃがいもとひよこ豆のサラダ
- トマトのポタージュ
- キウイのデザート

たらの蒸し煮・白ワインソース

栄養成分値（1人あたり）

エネルギー	109kcal
たんぱく質	16.9g
脂質	0.2g
炭水化物	4.0g
食塩相当量	0.6g

材料（1人分）

たらの切り身 … 90g
白ワインa … 10g

〈付け合わせ〉
アスパラガス … 1本
かぶ（千切り）… 10g
人参（千切り）… 10g
ズッキーニ（千切り）… 10g
塩 … 0.2g

〈ソース〉
玉ねぎ … 5g
マッシュルーム … 5g
白ワインb … 25g
コンソメ（顆粒）… 0.1g
水 … 50g
レモン汁 … 0.5g
塩 … 0.1g
白コショウ … 0.05g

作り方

1. アスパラガスは穂先と軸に分け、軸は皮をむき細切りにする。穂先は塩ゆでする。
2. 皮をむいたかぶ、人参、ズッキーニ、アスパラの軸を細切りにする。
3. 2に塩をしてしばらく置いてしんなりさせる。
4. たらの両面に塩コショウをし、白ワインaを全体にかける。
5. バットに4のたらと3の野菜を乗せる。
6. コンソメを水で溶いたものをたらの半分の高さまで注ぎ、オーブンシートをかぶせ蒸し器に入れる。（10分~15分）
7. たらが白くなり、野菜がしんなりしたら取り出す。

〈ソース〉

8. 玉ねぎ千切り、マッシュルーム千切り、白ワインbを鍋に入れ沸騰させる。
9. 火を弱めて、コトコトの状態で1/4まで煮詰める。
10. たらを蒸したときの蒸し汁を加える。
11. 煮汁を1/3量まであくを取りながら煮詰める。
12. 煮汁を濾す。
13. レモン汁、塩コショウで味を調える。
14. たらを盛りつけ、蒸した野菜を上に乗せ、ソースをかける。

じゃがいもとひよこ豆のサラダ

栄養成分値（1人あたり）
- エネルギー　103kcal
- たんぱく質　1.8g
- 脂質　5.5g
- 炭水化物　11.7g
- 食塩相当量　0.3g

材料（1人分）

- じゃがいも … 50g
- ひよこ豆（水煮）… 10g
- コンソメ（顆粒）… 0.2g
- A
  - えごま油 … 5g
  - マスタード … 1g
  - 塩 … 0.2g
- こしょう … 0.05g

作り方

1. じゃがいもを薄めの輪切りにカットする（0.3cm幅）。
2. 鍋にコンソメ、水とじゃがいもを入れ、少し硬めにゆでる。
3. ひよこ豆を加え、5分ほど加熱し、火を消す。
4. ふたをして蒸らす。
5. ざるにあげて粗熱をとる。
6. Aであえて、冷やす。

トマトのポタージュ

栄養成分値（1人あたり）
- エネルギー　99kcal
- たんぱく質　2.6g
- 脂質　4.4g
- 炭水化物　12.6g
- 食塩相当量　0.3g

材料（1人分）

- トマト（生）… 50g
- 玉ねぎ … 20g
- 米 … 5g
- オリーブオイル … 2.5g
- コンソメ（顆粒）… 0.5g
- 水 … 75g
- 砂糖 … 1g
- 豆乳（無調整）… 50g
- こしょう … 0.05g
- 飾りトマト … 20g

作り方

1. 玉ねぎを薄切りにし、オリーブオイルで透き通るまで炒める。
2. トマトをざく切りにし、1へ加える。
3. 米とコンソメと水・砂糖を加え、水分が少なくなるまで加熱する。
4. ミキサーにかけて滑らかになるまで攪拌する。
5. 粗熱が取れたら、豆乳で溶きのばす。
6. こしょうで味を整え、みじん切りにしたトマトを乗せて飾る。

キウイのデザート　1人分

- キウイ … 75g　※食べやすい大きさに切る。

その他　｜　病態別レシピ　｜　脂質異常症　｜　服部佳子 先生

実験・演習紹介
食品学実習

須崎 尚 校長先生

加工食品を作る〈食品学実習の紹介〉

名古屋栄養専門学校では、食品学実習と称して加工食品を作りながら、加工食品を作る意義や製造原理を学ぶ実習を行っています。

私達の食生活は、食品を生産する現場から消費する現場まで、時間的にも空間的にも距離が広がってきています。そこで、様々な食品をいかに安全に消費者に届けるかが問われ、また、核家族化を始めライフスタイルも多様化し、その結果、食生活の外部委託化が進み、安価で便利な、そして様々なニーズに応える多様な加工食品が求められています。

加工食品は保存性や安全性の向上を目指すばかりでなく、栄養性の向上や経済性の向上を目指し、利便性の高い食品として私達の生活に欠かせない存在となっています。栄養士にとって身の周りにある加工食品の性質や特徴を知り、製造の原理を勉強することは、栄養指導をする上でも非常に重要なことと考えられます。

本実習で作成する主な加工食品は、みそ、こんにゃく、豆腐、うどん、チーズ、バター、マヨネーズ、ソーセージ、缶詰、かまぼこ、ジャムなど多岐に渡っています。

【 みそ 】

みそは米、麦、または大豆で麹を作り、これに食塩を混ぜ（塩切り麹）、蒸した大豆と良く混合して発酵、熟成させて作ります。
実習期間は半年しかないので、メイラード反応までなかなか確認できませんが2年ほど寝かせると色がついてきます。

1年熟成させたもの

2年熟成させたもの

【 ところてん 】

テングサやオゴノリなどの紅藻類を、煮て、溶かし、寒天質を固めて作ります。

テングサ

天つき棒

【 きな粉 】

大豆をフライパンで炒って、すり鉢で粉にしていきます。

きな粉

実験・演習紹介
食品学実験

西村るみ子 先生

食品を科学する〈食品学実験の紹介〉

「身近な食品を科学的視点から…」
実験を通して、食品の成分や性質を学ぶ授業です。
「実験」と聞くと、何やら難しいことと感じてしまいがちですが、学生たちには楽しく学んでもらいたいと考えています。
人工イクラの作成、飲料水の硬度測定、食品の塩分濃度の定量、成分分析等、テーマは多岐に渡りますが、学校の敷地内から採集したヨモギを試料に用いたり、試食や試飲といった自身の体で感じる手法を加えたりすることで、「実験」を身近なこととして学びます。
将来、食品を科学的にとらえることから得られた知識が、栄養士として働く学生たちの大きな武器になることを願って…。

食品による染色実験の様子。同じ色素でも塩化鉄や硫酸銅といった媒染剤によって色が変わる。

人工イクラ作成の様子。食用色素を用いてカラフルな人工イクラを作ってみた。

さまざまな野菜からカロテノイド色素を抽出し分離する実験の様子。見た目に色鮮やかな実験は学生に人気がある。

実験・演習紹介

コンピュータ演習・栄養情報処理演習

前田 文先生

栄養士の卵が学ぶコンピュータ

栄養士の卵が学ぶパソコンの授業って何？

2年間でなんと **毎週 90 分 × 15 回 = 490 時間**

🔴 🔵 🟢 コンピュータの授業の特色

▶ 授業は、少人数制、教員 2 人体制 で行います。
　初心者や 苦手 の人も安心！しっかりサポートします。

▶ 毎回 5 分間タイピング でウォーミングアップ。
　栄養学・調理学・フードサービスなどのキーワードでやるよ。

▶ テキストを配布、ポイント解説後、スクリーンにデモ操作を
　映しながら、全員の進み具合に合わせて授業をします。

▶ プレゼンソフトを使って発表体験を 2 回 します。
　発表が好きになるかも。

▶ 他の授業とコラボしているので、覚えたらすぐ使えます。

パソコンに強い栄養士を目指す!!

一年前期

パソコン・スマートフォンでも自由に使えるように「メール」「オンラインストレージ」などの **クラウドサービス** の使い方をしっかり学びます。**社会人になる為の必須のスキル。**

プレゼンソフト を使って「自己紹介」のテーマで発表。発表は、3 分間時間厳守!! 自分の趣味や好きな内容を相手にわかりやすく、楽しく話す栄養士に大事なスキルです。**プレゼン体験 1 回目**

表計算ソフト を使って **7～9 月カレンダー** 作りに挑戦。機能を活用すると、簡単。学校行事や個人の予定も入れてオリジナルの楽しいカレンダーが完成。

クッキー作りに挑戦。**文書作成ソフト** を使って図形が自由自在に使えるようにトレーニング！

パソコン用語を学ぶ 部品やアプリの名称など。講義とテストをします!!　これで用語を聞いても迷わない？

パソコン室
授業のない時は、いつでも自由に使えるよ
23台

自習室
朝の時間や帰りもレポートや調べ学習が出来ます
5台

一年後期

表計算ソフトを使って
栄養計算に挑戦。
献立作成やフードサービスの授業で即必要なスキルです。成分表で食品をよく確認し栄養計算ソフトの使い方をマスターします。

プレゼンソフトを使って
ポスターを作ります。
伝えたいことをわかりやすく自由自在に作成するスキルは栄養士に必須の能力です。
図形や文字フォント、配置などセンスを磨きます。

「食のミニ授業」をテーマに発表します。
プレゼンソフトを使って気になる食品を書籍から情報を調べます。最新の食品は食べてみる・作ってみるなど実体験もOK。
とっても楽しい時間です。
プレゼン体験2回目

2年生の4月学内で実施される
企業懇談会に向けて自分用の名刺を作成します。
名刺ソフトにチャレンジ。
あなただけのかっこいい名刺を作ろう！
自分のアピールポイント探しにもなるよ。

画像処理ソフトを使って名刺で使う
自分の写真を加工してみよう。写真は、とっても大切なアピールアイテム。

実験・演習紹介 ｜ コンピュータ演習・栄養情報処理演習 ｜ 栄養士の卵が学ぶコンピュータ ｜ 前田 文 先生

課外授業
土曜講座・キャリアアップ講座

酒向純子先生

白ワインに合う一皿

白ワイン用のブドウ品種、シャルドネから造られたワインには柑橘系の香りが、またソーヴィニヨンブランというブドウ品種から造られたワインにはハーブ系の香りがあると例えられることが良くあります。この料理はそのどちらにもよく合いますが、シャルドネでしたらあまり樽で熟成していないワイン、ソーヴィニヨンブランでしたら、少し暖かい地方で造られたワインに良く合うかと思います。

生鮭のポアレ、ケッパー風味のドレッシング添え

栄養成分値（1人あたり）

エネルギー	297 kcal
たんぱく質	23.1 g
脂質	18.1 g
炭水化物	15.2 g
食塩相当量	1.7 g

材料（2人分）

- 生鮭切り身（80g）… 2枚
- 牛乳 … 大さじ1
- 塩、胡椒 … 適量
- ベーコン（ハーフ）… 2枚
- サラダ油 … 大さじ1/2
- ジャガイモ … 150g
- ハーブソルト … 適量
- パセリ … 適量

A
- 玉ねぎ（みじん切り）… 15g
- ケッパー（みじん切り）… 小さじ1
- パセリ（みじん切り）… 大さじ1/2
- マスタード … 大さじ1/3
- ワインビネガー … 小さじ1・1/2
- オリーブオイル … 大さじ1・1/2
- 塩、黒胡椒 … 適量

作り方

1. 電子レンジでベーコンをカリカリにする。（電子レンジ強―1分～）。
2. 鮭は牛乳に浸して臭みを抜く。（10分以上）
3. ペーパーで牛乳をふき取り塩、胡椒する。
4. フライパンにサラダ油を熱し、3の鮭を焼く。
5. Aを合わせてドレッシングを作り、焼けた鮭にたっぷりかけ、ベーコンを添える。
6. 付け合わせとして、茹でたジャガイモにハーブソルトで味をつけ、パセリを添える。

赤ワインに合う一皿

ワインと料理を合わせる時に、ワインの香りに合う食材を使うというのが、とても分かりやすい相性表現法です。代表的な赤ワイン用のブドウ品種、カベルネソーヴィニヨンから造られたワインにはふつう赤い木の実の香り（ラズベリー、ブルーベリー）という表現が使われることが多いのですが、プラムもまた香りの根底にあると思っています。少し年数のたったカベルネソーヴィニヨンと楽しんでいただくとよいかと思います。またメルローというブドウ品種から造られるワインにも良く合う一皿かと思います。

チキンのアンズ煮 家庭風

栄養成分値（1人あたり）

エネルギー	267 kcal
たんぱく質	15.7 g
脂質	14.5 g
炭水化物	18.8 g
食塩相当量	1.3 g

材料（2人分）

- 鶏もも肉（180g）… 1枚
- 塩、胡椒 … 適量
- サラダ油 … 小さじ1
- 玉ねぎ … 60g
- にんにく … 1片
- 赤ワイン … 30ml
- バルサミコ … 30ml
- 醤油 … 大さじ1/4
- クミン … 小さじ1/4
- ディルシード … 小さじ1/4
- プルーン … 4粒
- レーズン … 大さじ1/2
- フレッシュハーブ … 適量

作り方

1. プルーンとレーズンはぬるま湯で戻す。鶏肉は1枚を4つに切り、軽く塩、胡椒する。
2. フライパンに油を熱し、1の鶏肉を皮の方から表面がきつね色になる程度に焼く。
3. 鶏肉を取りだし、フライパンの油を捨ててみじん切りにした玉ねぎとにんにくを炒める。ワインとバルサミコを注ぎ、醤油、プルーン、レーズン、クミン、ディルシードを加え、ふたをして肉が柔らかくなるまで煮る。
4. できあがった鶏肉を皿に盛り付け、プルーン、レーズンを散らし、フレッシュなハーブを添える。

西村諒子先生

おうちで作るフランス家庭料理

伝統的なフランス料理と言えばバターや生クリームをたっぷり使う美味しさが魅力で、栄養士の現場では扱いにくい食材が多いイメージが強いかもしれません。しかし、本書では健康を意識した食事の場面にも相応しい「南フランス」に因んだレシピをピックアップいたしました。南フランスでは地方料理の特色から、油脂と言えばバターではなくオリーブオイルが中心であること、また温暖な気候で年間通じてトマトやパプリカなどの夏野菜が豊富であることや、様々なハーブやスパイスをアクセントや香り付けとして、効果的に用いることが大きな特徴です。味わいとしても食べやすく、また消化にも良く、日本人に馴染みやすいフランス料理と言われます。食材の持つカラフルな色彩やスパイスの香りで食欲を掻き立て、楽しい食事時間に使っていただきたいレシピです。

menu

- 鶏もも肉のハーブロースト（粒マスタードソース）
- 揚げない！ 小エビのエスカベッシュ風マリネ
- 柑橘とハーブのスパイシーサラダ
- ラタトゥイユ

栄養成分値（1人あたり）

エネルギー	804 kcal
たんぱく質	24.3 g
脂質	33.3 g
炭水化物	93.2 g
食塩相当量	2.9 g

鶏もも肉のハーブロースト（粒マスタードソース）

南フランスのハーブをミックスした「エルブ・ド・プロヴァンス」を使ったメイン料理。

栄養成分値（1人あたり）

エネルギー　297 kcal
たんぱく質　18.5 g
脂質　　　　22.9 g
炭水化物　　3.8 g
食塩相当量　1.0 g

材料（2人分）

鶏もも肉 1 枚 … （約 200 g）
塩こしょう … 適量
エルブ・ド・プロヴァンス
　… 大さじ 1/2（約 3 g）
オリーブオイル … 少々

〈粒マスタードソース〉
粒マスタード … 20 g
鶏もも肉の焼き汁 … 適量
塩こしょう … 少々

ナス … 1/2 本（1.5 cm 程度の輪切り）
赤パプリカ … 1/2 個（一口大に切る）

作り方

1. 鶏もも肉は両面に塩をする。
皮面にエルブ・ド・プロヴァンスをまぶす。

2. フライパンにオリーブオイルを熱し、1 を皮面を下にして焼く。
よく焼けたら裏返し両面を焼く。
空いたフライパンでナスを焼く。

3. 2 の鶏もも肉とナスを耐熱皿に移し、170℃のオーブンに 3〜5 分入れ中心まで温める。
オーブンから取り出す。

4. 粒マスタードソースを作る。
ボウルに粒マスタード、3 の焼き汁（粒マスタードと同量〜倍量程度が目安）、塩こしょうを入れよく混ぜる。

5. 皿に 4、3 を盛れば出来上がり。

〈コツ・ポイント〉

・エルブ・ド・プロヴァンス…タイム、セージ、バジル、オレガノ、パセリ、ローズマリー、フェンネルなどをミックスした製品です。メーカーにより配合が異なります。お好みで量を調整してください。

・鶏もも肉は皮面をカリッとするまでしっかり焼きましょう。空いたフライパンで付け合わせの野菜を焼くことで、肉の旨味を吸わせます。

揚げない！ 小エビのエスカベッシュ風マリネ

ハーブやオリーブオイルでたっぷりと香りを乗せて食欲をそそるような前菜に仕上げます。

栄養成分値
（1人あたり）

エネルギー	253kcal
たんぱく質	10.7g
脂質	15.1g
炭水化物	16.2g
食塩相当量	1.7g

材料（2人分）

- ニンニク … 1片（スライス）
- にんじん … 1/2本（千切り）
- 玉ねぎ … 1/2個（千切り）
- 小エビ … 12尾（背綿を取って）
- ミニトマト … 3個（1/4カット）

A
- 白ワインビネガー … 50g
- グラニュー糖 … 10g
- 塩 … 3g
- 白胡椒 … 少々
- オリーブオイル … 30g
- レモン汁 … 10g
- ハチミツ … 5g
- バジル … 5g（みじん切り）

作り方

1. 鍋にたっぷりの熱湯（1ℓ程度）を用意する。ニンニクを入れ10秒程茹で、にんじん、玉ねぎを追加し、軽く沸騰したらザルに取り出す。続いて小エビを軽く茹で、ザルで水気をよく切る。

2. Aをボウルに合わせ、1を加え馴染ませる。時々全体を混ぜながら、冷めたらミニトマトを加え保存容器に入れて一晩寝かせる。

3. 2を器に盛れば出来上がり。

〈コツ・ポイント〉

- 具材は食感を出すために、茹ですぎないようにしましょう。
- マリネ液Aが薄まらないように、水気はしっかりと切りましょう。
- 冷ましながら漬け込む間に味が入っていきます。盛り付けの時に塩気を確認して、足りなければ適宜調整してください。
- 仕上げのバルサミコ酢で甘酸っぱさが加わり、暑い日も食べやすくなります。他の酢でも代用可能です。

柑橘とハーブのスパイシーサラダ

栄養成分値（1人あたり）
- エネルギー　150kcal
- たんぱく質　0.6g
- 脂質　　　　10.0g
- 炭水化物　　13.3g
- 食塩相当量　0.3g

柑橘と色々なハーブやスパイスを合わせます。食中、食後、どちらにも向くさっぱりとした爽やかな一品。

材料（2人分）

柑橘（オレンジ、グレープフルーツなど）
　…2個分（正味約200g）

A
- グラニュー糖 … 7g
- コリアンダー、白胡椒（ホール）… 各10粒
- カルダモン（パウダー）好みで、適量

B
- ミント、バジルなど … 5g（みじん切り）
- オリーブオイル … 20g
- 塩 … ひとつまみ（約0.5g）
- レモン汁 … 1g

ハーブ（チャービル、ディルなど）… 適量

作り方

1. 柑橘類は皮と種を除き、一口大に切る。ボウルに入れ、A を加え混ぜる。
2. B を 1 に加え混ぜる。冷蔵庫で 30 分以上漬け味を馴染ませる。
3. 2 を器に盛り、お好みでハーブを盛れば出来上がり。

〈コツ・ポイント〉

- ハーブやスパイスはお好みで加えてください。
- バジル、パセリ、ローズマリー、ミント、ディルなど幅広く合わせられます。

ラタトゥイユ

栄養成分値（1人あたり）
- エネルギー　229kcal
- たんぱく質　1.7g
- 脂質　　　　19.9g
- 炭水化物　　9.1g
- 食塩相当量　0.5g

南フランス定番の料理、夏野菜のトマト煮です。冷製でサラダの具材に、温製でメイン料理の付け合わせに、常温でも美味しくいただけます。

材料（2人分）

- オリーブオイル … 適量（約50g）
- ナス … 1本（1cm角）
- ニンニク … 1片（スライス）
- タイム … 少々
- 玉ねぎ … 1/2個（1cm角）
- パプリカ … 1/2個（1cm角）
- ズッキーニ … 1/2本（1cm角）

A
- ローリエ … 1枚
- ホールトマト … 100g

塩こしょう、バルサミコ酢 … 好みで

作り方

1. 煮込み鍋にオリーブオイルを熱し、ナスを色良く炒める。取り出して熱いうちに塩をしておく。残った油にニンニクとタイムを加え香りが出るまで熱する。玉ねぎ、パプリカ、ズッキーニの順に加えそれぞれに塩をして、しんなりする程度まで炒める。A を加え蓋をして弱火で 10 分くらい煮込む。時々鍋底を混ぜる。
2. 1 にバルサミコ酢を加え軽く加熱して酸味を飛ばす。塩こしょうで味を調え、ナスを戻す。器に盛れば出来上がり。

オープンキャンパス
好評レシピ

平田芳浩先生

沖縄そばを作ってみよう

オープンキャンパスでの調理実習体験で作った沖縄そばと、
その副菜・デザートのレシピです。
家庭でも気軽に沖縄料理を楽しむメニューになっています。

menu

・スペアリブで沖縄そば
・にんじんしりしり
・もずくの酢の物
・さんぴん茶（ジャスミン茶）のじぇらーと

栄養成分値（1人あたり）

エネルギー	720kcal
たんぱく質	36.3g
脂質	47.1g
炭水化物	96.7g
食塩相当量	5.6g

スペアリブで沖縄そば

栄養成分値（1人あたり）

エネルギー　708kcal
たんぱく質　29.0g
脂質　36.8g
炭水化物　57.1g
食塩相当量　4.4g

材料（2人分）

〈豚出汁〉
スペアリブ … 260g
水 … 800cc
ねぎ … 1/2本
しょうが … 10g
酒 … 20cc

A ┃ 豚出汁 … 120cc
　 ┃ しょうゆ … 大さじ1.5
　 ┃ みりん … 小さじ2

砂糖 … 小さじ1

〈スープ〉
豚出汁 … 400cc
昆布出汁 … 400cc（昆布4g程度）
だしパック … 適量
うすくち醤油 … 小さじ1
酒 … 小さじ2
塩 … 小さじ1/2程度（味見しながら調整）

〈麺・具〉
沖縄そば … 2玉
はんぺん … 4枚
小ねぎ … 1本
あおさ … 小さじ2
紅ショウガ … 6g

作り方

1. 豚出汁をつくる。鍋にスペアリブを入れ、水とねぎ、しょうがを入れて沸騰させる。
沸騰したら酒を加え、火を弱め、蓋をして1時間程度煮こむ。

2. 煮豚をつくる。別の鍋にスペアリブを移し、Aを全て加えて、30分程度煮つめる。

3. 豚出汁に昆布出汁を足し、だしパック（または鰹節）を入れ、濃いめに出しをとる。

4. うすくち醤油、酒、塩で味を調える。
味を見ながら煮豚の煮汁を少し加える。

5. かまぼこは食べやすい大きさに切る。
小ねぎは小口切りにする。

6. たっぷりのお湯を沸かし麺を茹でる。
茹で上がったら、水でしめて、ほぐす。

7. 器に麺を入れ、スープを注ぎ、煮豚とその他の具を盛り付ける（器はお湯で温めておくとよい）。

にんじんしりしり

栄養成分値（1人あたり）

エネルギー	77 kcal
たんぱく質	3.9 g
脂質	4.8 g
炭水化物	3.1 g
食塩相当量	0.6 g

材料（2人分）

- にんじん … 60g
- ツナ … 20g
- 卵 … 1個
- 油 … 小さじ1
- 塩 … ひとつまみ
- こしょう … 少々
- 酒 … 小さじ1
- しょうゆ … 小さじ1/2
- すり胡麻 … 小さじ1/3
- かいわれ大根 … 適量

作り方

1. にんじんは千切りする。
   かいわれ大根は、食べやすい大きさに切り洗う。
   ツナの油をきる。
   卵を溶き、塩をひとつまみ加える。
2. 鍋に油を熱し、にんじんを炒める。しなっとしたらツナを加え、塩・胡椒、しょうゆをふり、さらに炒める。
3. 溶いた卵を加え、全体をとじて完成。盛り付け、かいわれ大根をのせ、すり胡麻をふる。

もずくの酢の物

栄養成分値（1人あたり）

エネルギー	31 kcal
たんぱく質	0.7 g
脂質	0.1 g
炭水化物	5.8 g
食塩相当量	0.5 g

材料（2人分）

- 生もずく … 50g
- きゅうり … 20 g
- しょうが … 5 g

A:
- 酢 … 大さじ1
- うすくち醤油 … 小さじ1
- 煮切りみりん … 大さじ1
- 砂糖 … 小さじ1/2
- 昆布だし … 50cc
- シークワーサー … 1/2 個
- ※レモン、ライム等でも代用可

作り方

1. Aの調味料を合わせる。シークワーサーは薄いいちょう切りにし調味液に合わせる。
2. もずくは洗っておく。
   きゅうりは斜め薄切りにする。
   しょうがは千切りにする。
3. 器にもずく、きゅうり、しょうがを盛り、1の合わせ調味料を注ぐ。

さんぴん茶（ジャスミン茶）のじぇらーと

栄養成分値
（1人あたり）

エネルギー　104 kcal
たんぱく質　2.7 g
脂質　　　　5.4 g
炭水化物　　11.8 g
食塩相当量　0.1 g

材料（2人分）

さんぴん茶 … 4 g
水 … 20cc
黒砂糖 … 大さじ 1.5
ゼラチン … 1 g
牛乳 … 120cc
生クリーム … 大さじ 1
練乳 … 小さじ 1
ホワイトラム … 少々

作り方

1. ゼラチンはふやかしておく。
2. さんぴん茶を炒り、お湯を加えて煮出す。
   牛乳を加えて温め、蒸らす。
   火を止め、黒砂糖、ゼラチンを溶かす。
3. ボウルに生クリームと練乳を入れ、6分立てにし、2 に加える。
   冷凍庫に入れる。
4. ある程度凍ったら、フォークでかきまぜる。
   これを数回繰り返し、完成。

平田芳浩先生

からだにやさしい和定食

オープンキャンパスで学生が調理し、お客様に提供した和定食です。
シンプルな料理を丁寧に作ったことで、大変好評なメニューでした。

栄養成分値
（1人あたり）

エネルギー	476kcal
たんぱく質	23.8g
脂質	23.6g
炭水化物	40.1g
食塩相当量	2.5g

menu

・アジの竜田揚げ　黒酢あんかけ
・きのこと豆腐の味噌汁
・ひよこ豆とわかめのサラダ
・ごぼうとこんにゃくのきんぴら
・さつまいものカタラーナ

アジの竜田揚げ黒酢あんかけ

栄養成分値（1人あたり）

エネルギー	198kcal
たんぱく質	16.7g
脂質	7.7g
炭水化物	12.9g
食塩相当量	0.9g

材料（2人分）

- アジ（切り身）… 2切れ（160g）
- 酒 … 大さじ1
- 塩 … 適量
- 胡椒 … 少々
- 片栗粉 … 小さじ2
- 赤パプリカ … 20g
- 黄パプリカ … 20g
- 蓮根 … 20g
- ナス … 30g
- 揚げ油
- 片栗粉・砂糖・醤油・黒酢 … 小さじ1
- だし … 40cc

作り方

1. アジを一口大に切る。パプリカ、れんこん、ナスは乱切りにする。
2. アジに酒を振りかける。しばらく置いて水気を取り塩コショウする。
3. 片栗粉をまぶして揚げる、野菜も素揚げしておく。
4. 砂糖、しょう油、だし、黒酢をあわせて一度沸かす。
5. 沸いたら火をとめて水溶き片栗粉を混ぜる。
6. 各材料をもりつけ黒酢あんをかけて提供する。

きのこと豆腐の味噌汁

栄養成分値（1人あたり）

エネルギー	33kcal
たんぱく質	2.9g
脂質	1.3g
炭水化物	2.9g
食塩相当量	1.0g

材料（2人分）

- えのき … 15g
- しめじ … 15g
- 木綿豆腐 … 50g
- かつお・昆布だし … 300cc
- 豆味噌 … 15g
- 三つ葉 … 1本

作り方

1. えのき、しめじは石づきをおとし、食べやすい大きさに切る。豆腐は1.5cm角程度に切る。
2. 出汁をとる。
3. えのきとしめじを出汁に加え、煮る。
4. 出汁に味噌を溶き合わせる。豆腐を加えさっと煮る。
5. 器に盛り付け、三つ葉を上に盛る。

ひよこ豆とわかめのサラダ

栄養成分値（1人あたり）

エネルギー	24kcal
たんぱく質	1.1g
脂質	1.1g
炭水化物	2.8g
食塩相当量	0.2g

材料（2人分）

- サニーレタス … 15g
- 水菜 … 15g
- きゅうり … 20g
- カットわかめ（乾燥）… 1.5g
- ひよこ豆（水煮）… 20g
- ノンオイル和風ドレッシング … 小さじ2

作り方

1. カットわかめを水で戻しておく。サニーレタスは食べやすい大きさにちぎる。水菜は2.5cm程度の長さに切る。きゅうりは千切りにする。
2. 野菜、わかめ、ひよこ豆を器に盛り付ける。
3. お好みのドレッシングをかける。

ごぼうとこんにゃくのきんぴら

栄養成分値（1人あたり）

エネルギー	36kcal
たんぱく質	0.6g
脂質	1.0g
炭水化物	6.2g
食塩相当量	0.3g

材料（2人分）

- ごぼう … 36g
- こんにゃく … 25g
- にんじん … 25g
- 濃口しょうゆ … 小さじ1
- みりん … 小さじ1
- 砂糖 … 小さじ1/3
- ごま油 … 小さじ1/2
- 唐辛子 … 1/2個

作り方

1. ごぼう、こんにゃく、にんじんを千切りにする。唐辛子の種は除く。
2. フライパンに油をひき、唐辛子、ごぼう、こんにゃく、にんじんを炒める。
3. 調味料を合わせて加え、混ぜ合わせながら炒める。

さつまいものカタラーナ

栄養成分値
（1人あたり）

エネルギー　185kcal
たんぱく質　2.5g
脂質　12.5g
炭水化物　15.3g
食塩相当量　0.0g

材料（2人分）

牛乳 … 60g
生クリーム … 40g
卵黄 … 1個分
グラニュー糖 … 大さじ 1.5
さつまいも … 25g
メープルシロップ … 小さじ 1
ラム … 小さじ 1/3
砂糖（焦がし用）

作り方

1. さつまいもは皮を剥いて蒸し、裏ごししてピュレ状にする。
2. ボールに卵黄を入れ、グラニュー糖を加え、白っぽくなるまで混ぜ合わせる。
3. 1 に牛乳、生クリームを少しずつ加え合わせ、裏ごししたさつま芋を加える。
4. 2 を鍋に移し、弱火で泡立て器で混ぜながら沸騰させない程度に加熱し、とろっとしたら、火から離し耐熱の器（ココット等）に移す。
5. 冷凍し、凍らせる。ある程度凍ったら砂糖を表面にまぶし、バーナーで炙りキャラメリゼする。
   もう一度冷凍庫に入れ凍らせる。

山下ルミ先生

手作りこんにゃくで美味しいランチ

普段購入しているこんにゃく！ 今回は、こんにゃくから手作りしてみましょう！
ヘルシーメニューになっており、それでも、満足感が得られるランチになっております。

menu

・手作りこんにゃくですき焼き風煮
・ジャガイモのシャキシャキ酢の物
・花麩とわかめのお吸い物
・白桃シャーベット

栄養成分値（1人あたり）

エネルギー	558kcal
たんぱく質	23.0g
脂質	23.3g
炭水化物	54.4g
食塩相当量	2.8g

手作りこんにゃくですき焼き風煮

栄養成分値（1人あたり）

エネルギー　433kcal
たんぱく質　21.1g
脂質　　　　23.2g
炭水化物　　29.0g
食塩相当量　1.7g

材料（2人分）

こんにゃく … 60g
牛肉 … 160g
なると巻き … 40g
角麩 … 40g
長葱 … 30g
椎茸（生）… 60g
人参 … 40g
焼き豆腐 … 120g
白菜 … 60g
砂糖 … 16g
醤油 … 16g
味醂 … 24g
酒 … 18g
水 … 50g

作り方

1. こんにゃくは細めの拍子切りにする。
2. なると巻き、長葱は斜め切りにする。
3. 椎茸は軽く拭き、飾り切りをする。
4. 豆腐、角麩、白菜は食べやすい大きさに切る。
5. 人参は、好みの型を抜く。
6. 鍋に、サラダ油を少し入れ、牛肉に軽く火を通す。
7. 牛肉の色が変わったら、調味料を加え、軽く味がついたらバットに取り出す。
8. 鍋に牛肉以外の材料（長葱以外）と水を入れ、火が通ったら牛肉を戻し、長葱を加えて、煮えたら出来上がり。

手作りこんにゃく

栄養成分値（1人あたり）

エネルギー	2kcal
たんぱく質	0g
脂質	Tr
炭水化物	0g
食塩相当量	0g

材料（2人分）

- こんにゃく精粉 … 1.3g
- 水 … 100ml
- 水酸化カルシウム … 0.1g
- 水 … 5ml
- ひじき（乾燥粉末）… 0.2g

作り方

1. 大きめのボールに水を量って入れる。
2. 1に泡だて器で混ぜながら精粉を少しずつ加えていく。
3. 2を2〜5分位混合する。"ねばり"が出てきたら20分置く。
4. 3を撹拌しながら、中火で加熱していき、50〜60℃になったらひじき（乾燥粉末）を加えてむらなく混合する。
5. 4が混合出来たら、木べらで混ぜながら42〜43℃位にまで冷ます。
6. 凝固剤（水酸化カルシウム）を水に溶かす。
7. 6を5に2〜3回に分けて加えていき、最初は握りつぶすように手早く混ぜる。
   全体に凝固剤（水酸化カルシウム）が馴染んできたら、ひとまとめにする。
8. 水に濡らしたバットに平らにしながら手で押さえ、空気を抜いて5分間おく。
9. たっぷりのお湯で20分間茹でる。
10. 茹で上がったら、水で1時間以上さらして出来上がり。

ジャガイモのシャキシャキ酢の物

栄養成分値（1人あたり）

エネルギー	51kcal
たんぱく質	0.7g
脂質	0.0g
炭水化物	9.4g
食塩相当量	0.2g

材料（2人分）

- ジャガイモ … 100g
- 大葉 … 2g
- 砂糖 … 10g
- 塩 … 0.4g
- 酢 … 10g
- だし … 6g

作り方

1. ジャガイモは皮をむき、千切りにして水にさらしておく。
2. 大葉は、細い千切りにする。
3. 1の水気を良く切る。
4. 鍋にジャガイモ、調味料を入れ、炒り煮する。
5. ジャガイモが透き通り、汁気が無くなったら火を止め、バットに広げて冷ます。
6. 5と大葉を混ぜて盛り付ける。

花麩とわかめのお吸い物

栄養成分値（1人あたり）
エネルギー　　16kcal
たんぱく質　　1.0g
脂質　　　　　0.1g
炭水化物　　　2.4g
食塩相当量　　0.9g

材料（2人分）

花麩 … 4g
わかめ（乾燥）… 1g
三つ葉 … 2g
だし … 240ml
白醤油 … 10g

作り方

1. 花麩・わかめは水につけて戻しておく。
2. 三つ葉は、結び三つ葉にする。
3. だしは、白醤油で味をととのえておく。
4. お椀に、花麩、わかめ、三つ葉を盛り付ける。
5. 4 にだしをはり、出来上がり。

白桃シャーベット

栄養成分値（1人あたり）
エネルギー　　58kcal
たんぱく質　　23.0g
脂質　　　　　23.3g
炭水化物　　　54.4g
食塩相当量　　2.8g

材料（2人分）

白桃缶詰 … 140g
レモン汁 … 6g
飾り用ミント

作り方

1. 白桃は四つ割りにする。
2. ミキサーに、白桃と果汁液（150ml）、レモン汁を入れる。
3. 2 をバットに移してラップをし、冷凍庫で冷やす。
4. 固まってきたら、フォークで空気を含ませる。（3回くらい）
5. 冷やした器に盛り付け、ミントを飾る。

河合太一先生

カフェ風♪ タコライスランチ

カフェランチのような、華やかでおいしい献立をご紹介します。
様々なスパイスが効いたタコライスは、食欲をそそること間違いなし！
野菜もたっぷりとれるので、この一皿だけでも大満足です。
ぷるぷる九龍球は見た目にも楽しい一品。
好きなフルーツをいれたり、ベースをジュースにかえたりと自分好みにアレンジ！
オリジナル九龍球をぜひ作ってみて下さい！

栄養成分値
（1人あたり）

エネルギー	804 kcal
たんぱく質	24.3 g
脂質	33.3 g
炭水化物	93.2 g
食塩相当量	2.9 g

menu
- スパイス香る！ 基本のタコライス
- たっぷり野菜のオープンオムレツ
- オニオンスープ
- ぷるぷる九龍球

＼ スパイス香る！ 基本のタコライス ／

栄養成分値
（1人あたり）

エネルギー	497kcal
たんぱく質	15.1g
脂質	18.4g
炭水化物	62.1g
食塩相当量	1.5g

材料（2人分）

ごはん … 300g

〈 タコミート 〉
合挽ミンチ … 120g
たまねぎ … 1/4 個（50g）
にんにく … 少々
オリーブオイル … 小さじ2
ローリエ … 1枚
塩・こしょう … 少々

A
ホールトマト缶 … 60g
赤ワイン … 大さじ1
ケチャップ … 大さじ1
ウスターソース … 小さじ2
しょうゆ … 小さじ1
チリパウダー … 少々
オレガノパウダー … 少々
クミンパウダー … 少々
パプリカパウダー … 少々

〈 飾り 〉
レタス … 30g
アボカド … 30g
トマト … 60g
トルティーヤチップス … 20g
細切りチーズ … 16g

タバスコ … お好みで

作り方

〈 下準備 〉
1. 玉ねぎ、にんにくをみじん切りにする。
2. Aを合わせる。
3. 飾り用のレタス、アボカド、トマトを好きな大きさに切り、トルティーヤチップスは軽く砕く。

〈 調理 〉
1. フライパンに、オリーブオイルとにんにくを入れ温め、玉ねぎを炒める。
2. 玉ねぎが透き通ってきたらひき肉を加え炒める。
3. 火が通ったら、A、ローリエを加え煮詰め、塩・こしょうで味を整える。
4. 器にご飯、タコミートを盛り付け、お好みで飾りの具材を盛り付ける。

たっぷり野菜のオープンオムレツ

栄養成分値（1人あたり）
- エネルギー　174kcal
- たんぱく質　7.7g
- 脂質　12.9g
- 炭水化物　4.8g
- 食塩相当量　0.5g

材料（2人分）

- じゃがいも … 1/4個（30g）
- まいたけ … 1/4房（30g）
- しめじ … 1/4房（30g）
- ほうれん草 … 30g
- ベーコン … 10g
- オリーブ油 … 小さじ2
- 塩 … 少々
- 卵 … 2個
- 牛乳 … 20ml
- ブラックペッパー … 少々
- A｜マヨネーズ … 10g
　　｜マスタード … 小さじ1

作り方

〈下準備〉

1. ジャガイモを薄切りにする。まいたけ、しめじを割く。ほうれん草を3cm幅に切る。ベーコンを角切りにする。
2. 卵、牛乳、ブラックペッパーを合わせよく溶いておく。

〈調理〉

1. フライパンにオリーブ油を熱し、ジャガイモ、まいたけ、しめじ、ほうれん草、ベーコン、塩を加えて炒める。
2. 1を型に移し、卵液を流し入れる。
3. 200℃に予熱したオーブンで約15分加熱する。Aをのせ、追加で5分加熱する。

オニオンスープ

栄養成分値（1人あたり）
- エネルギー　43kcal
- たんぱく質　1.2g
- 脂質　1.9g
- 炭水化物　4.9g
- 食塩相当量　0.8g

材料（2人分）

- 玉ねぎ … 1/2個（100g）
- バター … 5g
- 洋風だし … 240ml
- しょうゆ … 小さじ1/2
- 塩 … 少々
- こしょう … 少々
- パセリ … 少々

作り方

〈下準備〉

1. 玉ねぎをスライスする。

〈調理〉

1. なべにバターを熱し、玉ねぎがしんなりするまで炒める。
2. 洋風だしを加え加熱する。
3. しょうゆ・塩・こしょうで味を整える。
4. 器に盛り付けパセリを飾る。

ぷるぷる九龍球

栄養成分値（1人あたり）

エネルギー	90 kcal
たんぱく質	0.4 g
脂質	0.1 g
炭水化物	21.4 g
食塩相当量	0 g

材料（2人分）

- キウイ … 1/4 個（30g）
- みかん缶詰 … 3 房（40g）
- パイナップル缶詰 … 1/2 枚（50g）
- いちご … 1 粒（20g）
- アガー … 2 g
- グラニュー糖 … 小さじ 1
- 水 … 150ml
- レモン汁 … 小さじ 1/2

〈 シロップ 〉

- 水 … 70ml
- グラニュー糖 … 20g
- キュラソー … 少々

作り方

〈 下準備 〉

1. フルーツを 1.5cm 角にきる。
2. アガーとグラニュー糖を合わせておく。
3. シロップの材料を合わせ加熱する。

〈 調理 〉

1. 鍋に水、アガー＋グラニュー糖を加えしっかりと煮溶かし、レモン汁を加える。
2. 球状の型に流し入れフルーツと共に冷やし固める。
3. 器に盛りつけ、シロップをかける。

本村真莉乃先生

初夏を味わう キーマカレーランチ

夏にもってこいの、夏野菜をたっぷり使ったキーマカレーメニューです。デザートのゼリーはパイナップルとマンゴージュースをふんだんに使用し、気分はまるで南国。ビタミンをチャージして夏を元気に乗り切りましょう！

栄養成分値
（1人あたり）

エネルギー	734kcal
たんぱく質	23.5g
脂質	24.2g
炭水化物	92.2g
食塩相当量	2.8g

menu

・夏野菜たっぷりキーマカレー
・じゃがいものしゃきしゃきサラダ
・トロピカルゼリー

夏野菜たっぷりキーマカレー

栄養成分値（1人あたり）

エネルギー　611 kcal
たんぱく質　21.3g
脂質　23.1g
炭水化物　74.7g
食塩相当量　2.0g

材料（2人分）

ご飯 … 180g
赤パプリカ … 1/6 個
ズッキーニ … 1/3 個
茄子 … 1/6 本
ヤングコーン … 1 本
オリーブオイル … 小さじ 1/2
コンソメ … 小さじ 1/3

合挽肉 … 130g
塩 … 少々
カレー粉 … 小さじ 1
にんにく・しょうが … 各 2g
オリーブオイル … 小さじ 1
玉ねぎ … 1/6 個
カットトマト缶 … 60g
コンソメ … 小さじ 1/3
カールー … 1 かけ

〈 トッピング 〉

チーズ（細切り） … 10g
温卵 … 2 個

作り方

〈 下準備 〉

1. パプリカ・玉ねぎ・茄子は 1cm 角に切る。
2. ズッキーニは 1cm 厚さのイチョウ切りにする。
3. ヤングコーンは 1cm 長さにカットする。
4. 合挽肉を袋に入れ、カレー粉、塩をまんべんなくまぶす。

〈 調理 〉

1. フライパンにオリーブオイルをひき、玉ねぎ以外の野菜を炒め、（ズッキーニ・ヤングコーン→茄子→パプリカの順）コンソメで調味する。
2. フライパンにオリーブオイル・にんにく・しょうがを入れて弱火で火をつける。
3. 香りが立ったら玉ねぎを入れ、茶色く色づいてきたらひき肉を加えさらに炒める。（中火〜強火）
4. 全体に火が通ったらトマト缶、コンソメを加えてしばらく煮込む。
5. 一度火を止め、カレールーを加えて溶かす。
6. 野菜も合わせて再度火をつけ、とろみがつくまで加熱する。
7. お皿にご飯をよそい、カレーをかけ好みで温玉、チーズをかけ、完成。

じゃがいものしゃきしゃきサラダ

栄養成分値
（1人あたり）

エネルギー　　34 kcal
たんぱく質　　0.9 g
脂質　　　　　1.0 g
炭水化物　　　3.6 g
食塩相当量　　0.8 g

材料（2人分）

じゃがいも（メークイン）
　…1個（小さめ）
きゅうり…1/3本

A ┃ しょうゆ…小さじ 2/3
　┃ 鶏ガラ…1 g
　┃ ごま油…小さじ 2/3
　┃ 酢…小さじ 2/3

韓国のり…1枚

作り方

〈下準備〉
1. じゃがいもは細いせん切りにする。
2. きゅうりもせん切りにする。

〈調理〉
1. じゃがいもを沸騰した湯に入れ、一分程度茹でる。（シャキシャキ感が残る程度）冷水にさらす。
2. きゅうり、Aを合わせたものと和えてちぎったのりをのせて完成。

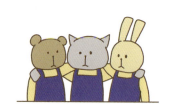

トロピカルゼリー

栄養成分値（1人あたり）

エネルギー	89kcal
たんぱく質	1.3g
脂質	0.1g
炭水化物	14.0g
食塩相当量	0.0g

材料（2人分）

パイナップル … 1/6 個
砂糖 … 小さじ 1
水 … 小さじ 1

A
- ゼラチン … 1.5g ＋ 水（適量）
- 水 … 60ml
- 砂糖 … 10g
- マリブ（リキュール）… 5 ml（なくても OK！）

B
- ゼラチン … 2.5g ＋ 水（適量）
- マンゴージュース … 100ml
- 砂糖 … 6 g
- レモン汁 … 小さじ 1/2

炭酸水 … お好みの量

作り方

〈下準備〉

1. パイナップルは皮と芯をとり、一口大にカットする。
2. 水にゼラチンを入れてふやかす。

〈調理〉

1. パイナップル、砂糖、水を耐熱皿に入れ電子レンジで加熱する。
   （たんぱく質分解酵素を失活させる→寒天を使う場合は生のままで OK！）
2. 1 をカップに均等に分ける。
3. A の水、砂糖、リキュールを鍋に入れて沸騰させる。ゼラチンを入れて溶けたらバットに入れて冷ます。
4. B のマンゴージュース、砂糖、レモン汁を鍋に入れ火にかける。
   ゼラチンを入れて溶けたらバットに入れて冷ます。
5. 3、4 をクラッシュし、パイン→3→4 の順になるように盛り付ける。
6. 炭酸水を注いでパイナップルの皮を飾りつけ、完成。

髙橋 廉先生

彩り鮮やか！ ワンプレートイタリアン

食物繊維が沢山摂れるキノコのバターライスに、じゃが芋のロースト。
さらに、ビタミンたっぷりの鶏モモのソテーや具だくさんコンソメスープをワンプレートにしてみました。
イタリアンで、不足しがちな栄養素を美味しく手軽に摂取しましょう！！

栄養成分値（1人あたり）

エネルギー	711 kcal
たんぱく質	27.1 g
脂質	29.0 g
炭水化物	74.7 g
食塩相当量	3.0 g

menu
- キノコのバターライス
- 具だくさんのコンソメカップスープ
- イタリアンサラダ
- 鶏肉の田舎風ソテー & じゃが芋のロースト

キノコのバターライス

栄養成分値（1人あたり）

エネルギー　324 kcal
たんぱく質　5.0 g
脂質　3.8 g
炭水化物　62.7 g
食塩相当量　0.6 g

材料（2人分）

ご飯…300 g

マッシュルーム … 40 g
しいたけ … 20 g
無塩バター … 8 g
白ワイン … 20 g
玉ねぎ … 30 g
食塩 … 0.4 g
こしょう … 適量
コンソメ顆粒 … 2 g
黒こしょう … 適量
パセリ … 適量

作り方

〈下準備〉

1. きのこを薄めにスライスする。
2. 玉ねぎをみじん切りにする。

〈調理〉

1. フライパンにバターときのこをのせて、中火で炒める。
2. 玉ねぎをフライパンに加えて塩、こしょうを振る。
3. 玉ねぎが透明になったらコンソメと白ワインを加える。
4. 火を強くしてアルコールを飛ばしたらご飯を加える。
5. 中火にする。ご飯がつぶれないように、具材を切るように混ぜ合わせる。
6. 全体がしっかり混ざったら、火を消す。黒こしょうを少し多めに振る。
7. 再度全体を混ぜ、お皿に盛り付ける。パセリを適量振り、完成。

具だくさんのコンソメカップスープ

栄養成分値（1人あたり）
エネルギー　43kcal
たんぱく質　1.7g
脂質　2.3g
炭水化物　2.9g
食塩相当量　0.7g

材料（2人分）

オリーブ油…少量
玉ねぎ…40g
黄パプリカ…20g
セロリ…20g
カブ…20g
ベーコン…20g
食塩…0.4g
水…250ml
コンソメ顆粒…1g
白こしょう…適量

黒こしょう…お好みで
パセリ…お好みで

作り方

〈下準備〉
1. 野菜を1cm弱程度の大きさの角切りにする。
2. ベーコンを短冊切りにする。

〈調理〉
1. 鍋にオリーブ油をひき、カットした具材を乗せ中火で加熱する。
2. 全体に塩を振り、いい香りがしてきたら少し火を弱めて、3分程じっくり炒める。
3. 水とコンソメを加えて、強火にし、沸騰したら弱火にする。
4. 蓋をして10分程煮る。白こしょうを振り、味見をする。
5. カップに盛る。黒こしょうとパセリを好みで振って完成。

イタリアンサラダ

栄養成分値（1人あたり）
エネルギー　61kcal
たんぱく質　0.7g
脂質　5.3g
炭水化物　2.1g
食塩相当量　0.4g

材料（2人分）

サラダ菜…3枚ほど
リーフレタス…3枚ほど
ミニトマト…2個

玉ねぎ…20g
にんにく（すりおろし）…少量
アンチョビ（ペーストでも可）…2g
オリーブ油…2g
フレッシュバジル…2枚

A
- すりごま…1g
- 濃口しょうゆ…2g
- 白ワインビネガー…4g
- 食塩…一つまみ
- 砂糖…二つまみ
- 黒こしょう…適量

オリーブ油…6g

作り方

〈下準備〉
1. 葉物野菜は洗ってひと口大にちぎっておく。
2. ミニトマトは洗って半分に切る。
3. 玉ねぎとにんにくはすりおろしておく。
4. バジルは洗って水気を拭いておく。
5. Aを合わせておく。

〈調理〉
1. オリーブ油をフライパンにひき、おろした玉ねぎ、にんにくとアンチョビを加えて弱火で加熱する。
2. 玉ねぎの水分が飛ぶまでじっくり炒め、ボウルにあげる。
3. 細かく刻んだバジルとAを2のボウルに加える。
4. オリーブ油を加えながら、よく混ぜる。
5. 冷蔵庫で冷やしておく。

〈盛り付け〉
1. 野菜の水気を抜き、お皿に盛りつける。
2. ドレッシングをかけて完成。

鶏肉の田舎風ソテー＆じゃが芋のロースト

栄養成分値（1人あたり）

エネルギー	284 kcal
たんぱく質	19.7 g
脂質	17.6 g
炭水化物	7.2 g
食塩相当量	1.4 g

材料（2人分）

鶏もも肉 … 200g

A
- 食塩 … 1.8g
- 白こしょう … 適量
- ローズマリー … 適量

オリーブ油 … 6g
にんにく … 1かけ
白ワイン … 15g
レモン（スライス）… 2枚

じゃが芋（100〜120g）… 1個
鶏肉の焼き汁 … フライパンをそのままにしておく
食塩 … 一つまみ
黒こしょう … 適量
粉チーズ … 8g

作り方

〈下準備〉

1. 鶏もも肉にAをもみこむ。
2. にんにくは包丁の腹で潰す。
3. じゃが芋はよく洗い、芽があれば取る。
4. じゃが芋の皮むきをして、少し大きめのサイズに切り、鍋に水と一緒に入れる（新じゃがなら皮ごと使用する）。
5. レモンスライスを用意する。

〈調理〉

【鶏肉の田舎風ソテー】

1. 鶏もも肉の水気をふく。フライパンにオリーブ油とにんにくを入れ火をつける。
2. いい香りがしてきたら皮目を下にして鶏もも肉をフライパンにのせ、焼く。
3. 焼き目がついたらひっくり返して弱火にする。蓋をして10分焼く。
4. 強火にして白ワインをフライパンの縁に回し入れる。
5. アルコールをとばしたら、アルミホイルにくるみお肉を休ませておく。

【じゃが芋のロースト】

1. じゃが芋を茹でる。竹串がゆっくり刺さる固さで湯からあげる。
2. 鶏肉を焼いたままのフライパンにじゃが芋をのせて中火で加熱する。
3. 水分が8割ほど飛んだら、調味料を入れる。さっと混ぜ合わせ、表面がパリッとするまで火を強めて加熱する。

〈盛り付け〉

1. 鶏肉を食べやすい大きさにカットする。
2. お皿に盛り付けて完成。

滝川亜沙美先生

野菜たっぷり 韓国ランチ

日本でも人気の韓国料理。
韓国料理の特徴のひとつは野菜がたくさん食べられるところ！
キムパプは日本ののり巻に比べて、お米の量が少なく、その分具材が多いです。野菜のナムルがたくさん入ります。また、お肉を食べる時も葉物野菜にナムルやキムチをのせ、お肉と一緒に包んで食べます。今回ポッサムには、みそだれではなく、野菜の辛和えを一緒に包んで食べてもらうようにしました。食物繊維、ビタミンたっぷりのヘルシーな定番韓国料理、ぜひ試しに作ってみてください。

栄養成分値
（1人あたり）

エネルギー　637 kcal
たんぱく質　29.4g
脂質　29.9g
炭水化物　59.0g
食塩相当量　3.2g

menu
- キムパプ（のり巻）
- ポッサム（ゆで豚の葉野菜包み）
- ミヨックッ（わかめスープ）
- ピーチ酢ゼリー

キムパプ（のり巻）

栄養成分値（1人あたり）

エネルギー	289kcal
たんぱく質	8.4g
脂質	7.9g
炭水化物	39.4g
食塩相当量	1.3g

材料 作りやすい量：2本（3人分）

たくあん（棒状）… 1本
カニカマ … 3本

① ほうれん草 … 100g

A
- ごま油 … 小さじ 1/2
- 塩 … 少々
- 砂糖 … 少々

② にんじん … 70g
- ごま油 … 小さじ 1/2
- 塩 … 少々

③ 卵 … 2個
- ごま油 … 小さじ 1/2
- 塩 … 少々

④ ごぼう … 70g
- ごま油 … 小さじ 1

B
- みりん … 大さじ 1/2
- しょうゆ … 小さじ 1・1/2
- 砂糖 … 大さじ 1/2

水 … 80ml
水あめ … 大さじ 1

ごはん … 240g

C
- 塩 … 少々
- ごま油 … 小さじ 1/2
- いりごま … 小さじ 1

のり … 2枚
ごま油・いりごま … 適量

作り方

1. ほうれん草は茹でて流水にとり、水気をよく絞る。半分に切って **A** と和える。
2. にんじんは千切りする。フライパンにごま油をひき、塩を加えて炒める。火が通ったら取り出す。
3. 卵2個に塩を少々加えてよく混ぜる。フライパンにごま油をひいて薄焼き卵を1枚作る。できた薄焼き卵は2枚に折りたたんで千切りする。
4. ごぼうは斜め千切りする。フライパンにごま油をひき、**B** を加えて軽く火を通す。水を加えて沸騰したら、蓋をして10分程度煮る。水あめを加え、強火で水分を飛ばす。
5. ごはんに **C** を加えてよく混ぜ、粗熱をとる。
6. 巻き簾にのりをおく。手前と奥1cmを残して **5** のごはん1/2量を広げる。たくあん、カニカマ2種類ののり巻をそれぞれ1本作る。それ以外の具材 **1〜4** は1/2量をのりの半分より手前にのせ、包み込むようにして巻く。仕上げにのり巻の表面にごま油を塗って、いりごまをふる。

ポッサム（ゆで豚の葉野菜包み）

栄養成分値（1人あたり）
エネルギー　287kcal
たんぱく質　15.9g
脂質　20.2g
炭水化物　9.5g
食塩相当量　0.8g

材料（2人分）

豚肩ロースかたまり肉 … 200g
玉ねぎ … 1/2個
長ねぎ（青い部分） … 1本

A
- にんにく … 3片
- 酒 … 1/2カップ
- しょうゆ … 大さじ2
- みそ … 大さじ1
- 粒こしょう … 小さじ1

【大根とねぎの辛和え】

大根 … 130g
長ねぎ（白い部分） … 20g

B
- 粗びき唐辛子 … 小さじ2
- 酢 … 大さじ1/2
- 砂糖 … 小さじ1/2
- にんにく（すりおろし） … 小さじ1/2
- ごま油 … 小さじ1/2
- すりごま … 小さじ1/2
- 塩 … ミニスプーン1

【付け合わせ】

サンチュ・大葉 … 各6枚

作り方

1. 鍋に適宜切った玉ねぎと長ねぎ、豚肩ロースかたまり肉とAを入れ、肉がかぶるくらい水を入れて強火にかける。
2. 沸騰したら中火にし、灰汁をすくいながら40分茹でる。
肉に箸がすっと通るようになったら火を止め、鍋でそのまま冷やす。
3. 大根、長ねぎは千切りし、Bを加えて手でよく混ぜて、辛和えを作る。
4. ゆで肉は7mm幅に切る。
ゆで肉に辛和え、サンチュ、大葉を添える。

ミヨックッ（わかめスープ）

栄養成分値（1人あたり）
エネルギー　34 kcal
たんぱく質　3.1 g
脂質　　　　1.6 g
炭水化物　　1.6 g
食塩相当量　1.1 g

材料（2人分）

わかめ（乾燥）… 3 g
牛もも肉 … 30 g
ごま油 … 小さじ 1/2
水 … 300 ml

A ┌ にんにく（すりおろし）… 1.5 g
　└ ダシダ … 小さじ 1 弱

塩・こしょう … 適量

作り方

1. わかめは水でもどしてよく洗い、水気を絞って刻む。
2. 鍋にごま油を熱し、強火でわかめと牛もも肉を炒める。
3. 肉の色が変わったら、水と A を加えて沸騰するまで煮る。
4. 塩・こしょうで味をととのえ、器に盛る。

ピーチ酢ゼリー

栄養成分値（1人あたり）
エネルギー　28 kcal
たんぱく質　2.0 g
脂質　　　　0.2 g
炭水化物　　8.5 g
食塩相当量　0.0 g

材料（2人分）

ピーチ酢 … 50 ml
水 … 100 ml
砂糖 … 大さじ 1
ゼラチン … 2.5 g
ヨーグルト … 50 g

作り方

1. ヨーグルトは水切りする。
2. 水、砂糖、ゼラチンを加熱する。
3. 2 にピーチ酢を加えてよく混ぜ、器に流し入れ、冷蔵庫で冷やし固める。
4. 3 に 1 の水切りヨーグルトをのせる。

オープンキャンパス ｜ 好評レシピ ｜ 野菜たっぷり 韓国ランチ ｜ 滝川亜沙美 先生

〈 監修紹介 〉

名古屋栄養専門学校（なごやえいようせんもんがっこう）

「学び舎のそれぞれの夢光る風」
名古屋栄養専門学校はいろいろな夢を持った若者が集まる学校です。

栄養士が伝えたい「おいしいレシピ」

2025年3月18日　第1刷発行

監　修　　名古屋栄養専門学校
発行人　　久保田貴幸

発行元　　株式会社 幻冬舎メディアコンサルティング
　　　　　〒151-0051　東京都渋谷区千駄ヶ谷4-9-7
　　　　　電話　03-5411-6440（編集）

発売元　　株式会社 幻冬舎
　　　　　〒151-0051　東京都渋谷区千駄ヶ谷4-9-7
　　　　　電話　03-5411-6222（営業）

印刷・製本　中央精版印刷株式会社
装　丁　　江草英貴

検印廃止
©NAGOYAEIYOUSENMONGAKKOU,
GENTOSHA MEDIA CONSULTING 2025
Printed in Japan
ISBN 978-4-344-69219-0　C0077
幻冬舎メディアコンサルティングHP
https://www.gentosha-mc.com/

※落丁本、乱丁本は購入書店を明記のうえ、小社宛にお送りください。
送料小社負担にてお取替えいたします。
※本書の一部あるいは全部を、著作者の承諾を得ずに無断で複写・複製することは
禁じられています。
定価はカバーに表示してあります。